錦綉瀚文

帮你5分钟打破僵局，立刻跟客户成交
用心理学战术化解销售难题

PSYCHOLOGY OF SALE

销售心理学

读懂顾客行为，洞察顾客心理，引导顾客成交！

销售不仅要打嘴仗，更要打心理战！成功的销售员一定是一个伟大的心理学家。

潘鸿生◎著

天津出版传媒集团
百花文艺出版社 天津人民出版社

图书在版编目（CIP）数据

销售心理学 / 潘鸿生著 . -- 天津 : 百花文艺出版社 : 天津人民出版社 , 2019.3
ISBN 978-7-5306-7609-7

Ⅰ . ①销… Ⅱ . ①潘… Ⅲ . ①销售—商业心理学—通俗读物 Ⅳ . ① F713.55-49

中国版本图书馆 CIP 数据核字（2018）第 297607 号

销售心理学
XIAOSHOU XINLIXUE
潘鸿生著

责任编辑：黄炳润
封面设计：孙希前
出版发行：百花文艺出版社　天津人民出版社
地址：天津市和平区西康路 35 号康岳大厦　　邮编：300051
电话传真：+86-22-23332651（发行部）
+86-22-23332656（总编室）
+86-22-23332478（邮购部）
主页：http://www.baihuawenyi.com
印刷：香河县宏润印刷有限公司
开本：710 × 1000 毫米　1/16
字数：130 千字
印张：14
版次：2019 年 3 月第 1 版
印次：2019 年 3 月第 1 次印刷
定价：39.80 元

若有印装质量问题，请与香河县宏润印刷有限公司联系调换
地址：河北省廊坊市香河县五百户镇宏润印刷有限公司
电话：13803229420　　邮编：065404

前 言

"成功的销售员一定是一个伟大的心理学家。"这是销售行业的一句名言。一个成功的销售员往往不是因为拥有一副三寸不烂之舌，而是因为他精通销售心理学。不懂心理学的销售员，很难成功地完成销售任务。

为什么无论你怎么说，客户都不买你的账？

为什么无论你怎样一再保证，客户始终对你持怀疑态度？

为什么先期都沟通得很顺畅，一到要成交时就会遭到拒绝？

为什么一个看起来稳操胜券的单子，一夜之间就被竞争对手夺走了？

这些问题都是销售中要解决的心理问题，因为客户所做出的任何购买行为都是由他的心理来决定的，如果你可以洞察并影响客户心理的话，就可以引领客户的行为朝你期望的方向前进，进而最终实现自己的销售目的！

美国销售大师甘道夫博士有一句名言："销售是98%的了解人性+2%的产品知识。"由此可以看出，销售员要想提升销售能力和销售业绩，就要上兵伐谋，攻心为上。

销售其实就是销售人员与客户之间的一场心理博弈，一个从陌生到相识，从抗拒到接受，从质疑到满意的过程，这其中有着无数的情感变化。而销售成功与否，与销售员是否懂得并准确地把握客户的内心有着很大的关系。一项针对销售员推销方式对成功率影响的调查表明，符合客户心理需求的推销方式能使销售的成功率高达60%；而忽略客户的实际情况，只采用惯用的推销方式时销售的成功率还不到20%。这说明，销售必须要懂得心理学。你不要觉得研究客户心理是在浪费你的时间，其实研究他们购买的流程、动机和原因，比那些费尽口舌却不讨好的传统推销方法要有效得多。所以，每一位销售员都应该是一名心理学家，如果要想销售获得成功，就得研究客户的心理。

销售员不仅要了解客户的心，还要坚定自己的心。毕竟销售工作不好做。销售中会遇到各种各样难以处理的难题，会遭遇到很多意想不到的挫折和打击，会面对来自各方面的心理压力，以至于影响自己的正常情绪和身心健康，所以，销售员要学会抵御和化解销售中的各种心理压力，从而正确地面对压力，乐观地看待挫折和失败，树立正确的心态，并积极地对压力进行疏导和管理。

无疑，销售就是一场心理战，销售就是心与心的较量。可以说一切销售行为，都离不开心理学。了解客户的心理需要心理学，修炼自己的心理也需要心理学，心理学能够帮助销售员坚定自己的心，赢得客户的心。销售要成功，从懂得心理学开始。本书是一本将销售实践和心理学知识相结合的参考书，翻开本书，你将找到最实用的学习指南。

目 录

第一章

心理修炼：销售赢的是心态

自信：树立胜利者的形象

自信是成功的先决条件。乔·吉拉德说：“信心是销售人员胜利的法宝。”乔·坎多尔弗说：“在销售过程的每一个环节，自信心都是必要的成分。”对销售员来说，自信是一种积极向上的力量，当你与顾客会谈时，言谈举止若能表露出充分的自信，则会赢得顾客的信任，顾客信任了你才会相信你的商品说明，从而心甘情愿地购买。因此，树立起必要的自信，并将其恰当地展现给客户，让他们感觉你充满信心活力和希望的精神状态，就会令客户好感丛生，距离成功也就一步之遥了。

在销售业内有句流行语，是这么说的：“四流的销售员卖价格，三流的销售员卖产品，二流的销售员卖服务，一流的销售员卖自己。”世界华人激励大师陈安之也曾说过，卖产品不如卖自己，这也道出了作为一个合格销售人员应该达到的目标和具有的素质。

销售员销售的第一产品是什么？就是销售员自己。把自己成功地推销出去，销售就成功了一半。很难想象，一个对自己都没有信心的人，又怎么可以把自己、把公司的产品成功的销售给客户。

对于销售人员而言，自信显得尤为重要。一位充满自信的销售人员会深受每一位客户的欢迎，因为销售是信心的传递，是情绪的转移。客户从销售人员身上看到了自信，那么他们也就会变得自信。

自信可以为你的商品增色许多。对于客户，自信比你的商品还要重要。作为销售人员，要能够看到公司和自己产品的优势，并把那些优势熟记于心，要和对手竞争，就要有自己的优势，就要用一种必胜的信念去面对客户和消费者。因为你不仅仅是在销售商品，同时，你也是在销售自己，客户只有先接受了你，才会接受你的商品。

周鹏刚进入一家保险公司，但因为该保险公司是一家中外合资的寿险公司，刚刚进入中国市场，属于起步阶段，各个方面的发展还不够完善，因此周鹏的内心缺少一定的安全感，他害怕公司只是自诩实力雄厚。尽管潜在市场十分广阔，但是他却不敢轻信，始终对公司抱有怀疑的态度，心里总是难以安稳下来。所以进入公司前曾经的雄心壮志渐渐都被周鹏丢弃了，而且其工作热情不高。虽然公司的一切都在逐步地步入正轨，业务员也越来越多，但是周鹏却越来越没有自信。每次出去面见客户，他心里总是不踏实，害怕客户问起公司的情况，或表示质疑。所以他推销公司各种险种时，总是闪烁其词，很难取得客户的信任，从而导致交易失败，最后周鹏不得不离开了公司。在他离开的一年后，该公司就得到了极大的发展，被市场广泛地接受。周鹏非常后悔当初没好好干。

上例中的周鹏没有认清公司的具体形势，就轻易地对公司失去了信心，并且在消极心理的影响下，情绪低落、言行怯懦、消极怠工，使工作毫无建树，更挫伤了自己的自信心，最终选择了离开，错过了良好的发展机遇。这就是信心不足导致的结果。

一个没有自信的人，干什么事都不容易成功。自信是成功的先决条件。销售人员只有对自己充满自信，在客户面前才会表现得落落大方、胸有成竹，才会感染、征服消费者。

每个成功的销售员都有强烈的自信心，那么，信心来自哪里？信心来自了解，了解我们的公司，了解我们所做的产品，了解我们的产品有哪些优缺点。除此之外，更重要的是了解我们的自身的价值。发掘自己的潜力，相信自己，绝对不会比任何人差。

具体来说，首先你应该对公司有个正确的态度，即相信自己工作的公司是产业中最好的公司。如果你选择了一家公司，推销他们生产的优质产品，就一定要对公司、对产品满怀信心，并且时刻向顾客传递出一个强烈的信息：我们的公司有雄厚的实力，我们的产品是优质的、高效的，我们是一家有前途的公司，是一家注重长远的公司，是一家时刻为客户提供专业服务的公司。事实表明，一个销售员只有对自己的公司及产品有一个正确的态度，才能在顾客面前昂首挺胸，大胆地介绍自己，推销自己的产品。

乔·吉拉德推销的是雪弗兰牌汽车，他当然清楚还有比雪弗兰牌更好的汽车，他也买得起其他任何牌子的车，但他坚持开雪弗兰。他说："你必须相信你的产品是同类中最好的。我发现许多雪弗兰经销商却坐着卡迪拉克和梅塞德斯去上班，每当我看到他们这样做，我就觉得痛心。要是我推销雪弗兰却开其他牌子的车，我的客户见了就会想，吉拉德是不是不屑于坐他自己推销的车，在我看来，向客户传达这样的信息真是愚蠢之极。"

无论销售什么产品，只要你在心理上坚定地认为，你所销售的产品是最好的，那么，你一定能够将这种意识传达给顾客，一举攻破顾客的心理防线。

实践证明，只有对公司有信心，才能对产品有信心；只有对产品有信心，才能对自己有信心。所以，除了对公司及产品有信心之外，你还要对自己充满自信。

那么才能做到自信呢？

首先，要给自己一个心理暗示，“我一定可以的”。不要小看这样一个心理暗示，卡耐基曾说过，一个小小的心理暗示，自己给你带来无穷的自信心。因为在你说这一句话的时候，就在一定程度上给了自己很大的信心。

其次，想象成功。想一想你曾经怎样成功地说服客户，这会给你带来很大的鼓舞，想一下这次和客户将要和客户交谈的问题，想一下说服他的过程，以及成功后的喜悦。那就会不断地刺激你的神经，让你时刻充满活力，充满自信。然后就会更有兴趣面对新的挑战。

另外，要不断地总结失败的经验，失败不是成功之母，总结才是成功之道，只有不断地从失败中吸取教训，你才会得到更好的进步，成功者都是在失败之后，总结失败的经验才得到成功的。在成交中也一样，只有在每次失败之后总结经验，才能做到更好。

销售是向客户提供利益的。销售人员必须坚信自己产品能够给客户带来利益，坚信自己的销售是服务客户，这样，你就会说服客户。反之，销售人员对自己的工作和产品缺乏自信，把销售理解为求人办事，看顾客的脸色，听客户说难听话，那么，你将一事无成。相信自己的产品，相信自己的企业，相信自己的成交能力，相信自己肯定能取得成功。这种自信，能使销售人员发挥出才能，战胜各种困难，获得成功。

激发成功的欲望，拥有强烈的进取心

你是否能够理解进取心？你认为什么叫作进取心？

让我们先看看这样一个事例：

某外国电视台有一档名为《谁是未来的百万富翁》的智力游戏节目，获胜者将会得到100万元的奖励。因为奖金丰厚，悬念迭出，吸引了许多观众。这档节目的游戏规则是：每答对一道题目，就可以获得相应的奖励，而如果继续答题时没有答对，那么就会终止比赛，并且没收已经取得的奖励。

自节目开播几十期以来，虽然参赛者强手如林，可真正一路过关斩将并赢得100万元巨奖的人，从来没有出现过。相反，能够在节目中有所收获的只是一些见好就收的人。因此，几乎所有的参与者都学乖了，最多到10万左右，便放弃答题，退出比赛。直到一位叫克拉马的青年人的参与，才第一次产生了百万巨奖。

令人奇怪的是，克拉马取得的百万巨款并不是因为他知识渊博，据当地媒体评论说，成就克拉马的不是他的学问，而是他的心理素质和进取心。因为在50万之后，每一道题都相当简单，只需略加思考，便能轻松答出。

那么多人与巨奖失之交臂，都是因为自己“见好就收”，没有成就百万富翁的进取心。

进取心是什么？进取心就是目标，就是理想，就是企图，就是赚钱的原动力！动力越大，其行动就越有力，行动越有力，实现财富梦想的概率就越大。这些都是成正比的。要获得财富，你就必须要让你自己的进取心变得非常强烈，只有拥有强烈的进取心才能使你奋进。

我们人生这一辈子要去追求事业、财富、家庭、健康、关系、精神，那么我们对这些部分都有自己的进取心，例如你的事业要达到什么高度，你的财富能够达到多少，你的家庭有多么幸福等等。一个人的进取心有多大，他的梦想就会有多大；他的梦想有多大，他的渴望就会有多强；他的渴望有多强，他的动力就有多足。

一个真正有梦想的人一定是有强烈进取心的人，如果说你对事业成功没有进取心，你会发现你的事业不会做到很大，你的财富也不会很多，那是因为你对事业、财富的追求不足。你认为一年赚三五十万就够了，那你就只能赚到三五十万；如果你企图自己在企业发展三年五年十年必须要达到上亿资产，那你依然也能做到，而这一切都来自于你对自己有没有那一份强烈的进取心。

人活着就应该有追求，为了自己的梦想努力拼搏，实现自身的价值，让自己的人生充满各种亮丽的色彩。但是有很多人却没有远大的抱负，在生活和工作中安于现状，不思进取，很容易满足，甚至稍微取得一点成绩就骄傲自大，以为可以从此高枕无忧，结果却逐渐退步，连本来自以为满足的现状也保持不住了。

井植岁男是日本三洋电机公司的创办人，他在 1947 年创立三洋电机公司时，公司只有 20 个人，从一间小厂房起步，到 1993 年，该公司已发展成为一个跨国经营的大企业。

井植岁男性格豪放，决断大胆，处事单纯明快，不拘小节。井植岁男从姐夫的公司走出来自己创立“三洋”，是其进取心的体现，经过几十年的艰苦经营，把“三洋”发展成为世界级的大企业，也是其进取心结出的硕果。

而许多人却因为没有进取心失去致富的机会。

1955 年，井植岁男曾试图鼓励其雇用的园艺师傅自己创业，但这位园艺师傅却因为缺乏野心而失去一个致富的机会。

有一天，他家的园艺师傅对井植说：“社长先生，我看您的事业越做越大，而我却像树上的蝉，一生都坐在树干上，太没出息了。您教我一点创业的秘诀吧！”

井植点点头说：“行！我看你比较适合园艺工作。这样吧。在我工厂旁有两万坪空地，我们合作来种树苗吧！多少钱能买到1棵树苗呢？”园艺师傅回答说：“50元。”

井植又说：“好！以一坪种两棵计算，扣除走道，1万坪大约种2万棵，树苗的成本是不是100万元。3年后，1棵可卖多少钱呢？”

“大约3000元。”

“100万元的树苗成本与肥料费由我支付，以后3年，你负责除草和施肥工作。3年后，我们就可以收入600多万元的利润。到时候我们每人一半。”

听到这里，园艺师傅却拒绝说：“哇！我可不有那么大的野心敢做那么大的生意！”

最后，他还是在井植家中栽种树苗，按月拿取工资，白白失去了致富良机。

一个真正有进取心的人才是离成功最近的人。世上的一切成就、一切财富都始于一个意念，即积极进取的意念。只有在强烈进取心的驱动之下，人们才能够产生向前奋进的强劲动力。如果一个人连一点进取心都没有，那么这个人做任何事情都不会产生一丝一毫的积极性，更不会形成前进的动力。而销售工作充满艰辛，如果没有源源不断且足够强劲的动力促使销售人员不断地开展积极的行动，那么销售人员的工作将寸步难行。

成功的销售员都有必胜的决心，都有强烈的成功欲望。成功的欲望源自于你对财富的渴望，对家庭的责任，对自我价值实现的追求，不满足是向上的车轮！在谈到对于成功的强烈欲望之时，有些销售人员扬言："我才不要活得那么累，我觉得自己现在这样也挺好的，比上不足、比下有余，为什么非要成为公司的销售冠军，为什么强迫自己做出更多的业绩呢？"对于这些销售人员的想法，我们不敢苟同，从表面上来看，也许这些话有一定的道理，可是，只要稍加分析就会发现，这种想法既片面又消极。好好想一下，现代社会同行业之间的竞争如此激烈，人与人之间的竞争同样如此，包括同事之间同样存在着异常激烈的竞争，如果你不思进取、不求进步，那么在这种严峻的竞争形势下，你又将拿什么去"比上不足、比下有余"？如果你不强迫自己做出更多的业绩，那么将来总有一天，会有人迫使你失去饭碗！退一步来说，如果公司的同事都像你一样对成功没有强烈的欲望，都不想成为公司的销售冠军，那么这样的公司又如何在对手林立的同行业中存有立足之地？

如果你对于事业的成功没有强烈的欲望，如果你对于改变现状没有足够的进取心，那么你就不会采取积极的行动，也不会有成功的希望。所以，作为一名销售人员，你一定要考虑清楚：除非你不是真的想获得事业的成功，除非你完完全全地把自身的名声、地位、权力、利益都置于身外，否则你绝对不能失去对成功的渴望，不能丧失进取心！

有一个公司，在招聘营销人员的时候，经常会考虑这样一个问题："你为什么要做销售人员？"对于这个简单的问题，大部分应聘者都回答"我喜欢这个有挑战性的工作"，也有一部分应聘者说"为了实现自己的理想"，等等。但是有些应聘者会很直白地说"我是为了赚到足够多的钱"或者是"为了以后自己当老板开公司”。

结果，那些言辞冠冕堂皇的人全部没能得到这份工作，而直接表达了自己欲望的那些人则被录用了。

诚然，“为了赚钱”这样的说法似乎有点俗气，“为了以后自己当老板开公司”有些狂妄，说这类话的应聘者之所以被录用，就是因为招聘者能够从这些回答中，看到应聘者所拥有的强烈的进取心，而那些落选的应聘者就是因为太“安分守己”了。显然，没有足够的欲望，怎么会有足够的动力去追求自己想要的东西？

一个优秀的销售人员之所以会取得很好的业绩，就是因为他对获得成功有永不满足的欲望。这种强烈的情感，会让他在面对困难的时候，拥有一颗永不言败的决心。即使是一次次遭到拒绝，他们也绝不会退缩。正是这种积极主动的心态，帮助他们最终成就了一番事业。

改变的力量源自于强烈的进取心，人生就决定于我们做出决定的那一刻。只要具备强烈的进取心，就一定会成功，同时潜能也才能被激发。

心态至上：销售就是与自己的战斗

一个人要成功，心态将起决定性作用。俗话说：“良好的心态，是成功的一半。”只有具备良好的心态，你才能屡败屡战。

销售不仅仅是技巧的比拼，还是心态的比拼。在日常工作中，很多销售人员总是显得对销售技巧的提高特别有兴致，他们存在着一种错误的观念，认为销售是一件凭技巧取胜的工作，愿意把更多的时间和精力花费在销售技巧上，而实践证明，销售业绩的80%是由心态决定的。诚然，销售技巧的提升能够提高销售业绩，但若没有心灵的支持，所有的这一切都无法顺利实现。

我们知道，销售工作要时刻面对新环境、遭遇新挫折、经受新挑战，那么如何能够坦然自若，从容应对？唯有具备良好的心态，才能面对一切销售困境。当你在销售中遇到困难时，你应该多向正确的、好的方面想，以积极的态度去面对挫折和失败，投入自己无限的激情，唯有这样，才会使困难在你面前变得渺小，好的地方在你眼前光大。同时，积极的心态不但会使你本人充满奋斗的阳光，也会给你身边的人带来阳光。

一个生活比较潦倒的销售员，每天都埋怨自己“怀才不遇”，命运在捉弄他。

圣诞节前夕，家家户户张灯结彩，一片节日的热闹气氛。他坐在公园里的一张椅子上，开始回顾往事。去年的今天，他也是孤单一个人，以醉酒度过了他的圣诞节，没有新衣服，也没有新鞋子，更别谈新车子、新房子。

“唉！今年我又要穿着这双旧鞋子度过圣诞节了！”说着他准备脱掉这双旧鞋子。这个时候，他突然看见了一个年轻人自己滑着轮椅从他身边走过。他顿悟道：“我有鞋子穿是多么幸福！他连穿鞋子的机会都没有啊！”

之后，这个销售员每做任何一件事都以乐观的心态积极地对待，发愤图强，力争上游。数年之后，生活在他面前终于彻底改变了，他成了一个百万富翁。

由此可见，积极乐观的心态与成功的关系是相辅相成的。积极的心态能够使销售员激发出自信、勤奋、努力、敬业和认真这些成功所必需的因素，并打造出超凡的销售业绩。一个总是怀着消极心态的销售员很难得到成功的垂青。

在销售过程中，挫折与打击是不可避免的，在这种情况下，心态会成为指引你事业方向的路标，最终是成功还是失败，取决于你服从哪种心态的指引。

原一平曾经说过：“一个人在面临困境之时，如果从消极面去想的话，势必越想越糟，最后变得萎靡不振，最终陷入万劫不复之地；如果往积极面是去想的话，这正是难得的磨炼机会，这是光明之前必然的黑暗，也是成功之前必须承受的苦难。”成功源于心态。几乎所有优秀的销售员都有一个共同的特点，就是具有积极的心态。他们运用积极的心态去支配自己的人生，用乐观的精神去面对销售过程中一切可能出现的困难和险阻，从而确保自己不断地走向成功。

一个销售员是积极还是消极，也许是天生的，但只要肯努力练习，悲观的销售员也能学会积极的思考。心理学家的研究证明，如果你一发现自己有消极、自暴自弃的思想就把它控制住，你便能把情况重新判断，觉得事情还不至于太糟糕。

艾伦是一家保险公司的推销员，他很想当公司的明星推销员。因此他不断从励志书籍和杂志中培养积极的心态。有一次，他陷入了困境，这是他平时进行积极心态训练的一次考验。

那是一个寒冷的冬天，艾伦在一个街区推销保险单，但却没有一次成功。他自己觉得很不满意，但当时他这种不满是积极心态下的不满。他想起过去读过一些保持积极心态的法则。第二天，他在出发之前对同事讲述了自己昨天的失败，并且对他们说：“你们等着瞧吧，今天我会再次拜访那些客户，我会售出比你们售出总和还多的保险单。”

基于这种心态，艾伦回到那个街区，又访问了前一天同他谈过话的每个人，结果售出了66张新的事故保险单。这确实是了不起的成绩，而这个成绩是他当时所处的困境带来的，因为在这之前，他曾在风雪交加的天气挨家挨户走了八个多小时而一无所获。但艾伦能够把这种对大多数人来说都会感到的沮丧，变成第二天激励自己的动力，结果他如愿以偿。

积极乐观的心态不是每个人与生俱来的。当你发现自己缺乏乐观的心态时，不要失望沮丧，你完全可以通过心理训练，有目的地培养自己积极的销售心态。其中，最有效的办法之一就是经常有意识地和积极乐观的销售员待在一起，从这些人身上获得乐观情绪的感染，调动自己的积极心态，从而把消极的情绪从大脑中排挤出去。正所谓，“近朱者赤，近墨者黑”。

无论如何，你要以乐观向上的精神支持你的销售事业，千万不能因暂时的困难或挫折而灰心丧气。逆境过后是顺境，冬天过后是春天。让积极乐观的精神伴你一生，你的销售事业必定会获得成功。

坚定信念，天下没有卖不出去的产品

销售是一种以结果论英雄的游戏，销售的最终结果就是要成交。没有成交，再好的销售过程也只能是风花雪月。所以，在你的心中，除了成交，别无选择。你一定要有这样的信念——天下没有卖不出去的产品，没有谈不成的合作，客户暂时的拒绝，只因为是你还没有找到切入点、链接点，还没有真正找到对方的需求。

首先我们就需要这样坚决的信念和心态：没有卖不出去的产品。

在当我们刚进入销售这个行业的时候，在我们第一次即将面对客户的时候，我们是否还记得当时我们的心态，当时肯定会有这样的担心：

客户会不会喜欢我的产品呢？

这样的价格客户会接受吗？

是不是别人的产品会比我的好呢？

如此等等，当我们带着这些担心去和客户交谈的时候，大多数时候我们是失败的，随着我们销售技巧的提高，这样的担心在我们的心中也越来越少，相反的我们销售产品坚定的决心增强了，我们的业绩也渐渐地提高了。这就是不同之处，因为通过对其他产品和自身产品的认识我们有了一颗销售产品坚定的决心，所以我们的产品卖出去了。

假如我们在进入销售行业的第一时间就坚定地相信没有卖不掉的产品，那么，我们成功的时刻肯定会提前。

如果有人说我可以将冰卖给爱斯基摩人，你会相信吗？看看下面这个销售故事：

销售员："您好！爱斯基摩人。我是北极冰公司的销售员。我想向您介绍一下北极冰给您和您的家人带来的许多益处。"

爱斯基摩人："这可真有趣。我听到过很多关于你们公司的好产品，但冰在我们这儿可不稀罕，它用不着花钱，到处都是，我们甚至就住在这东西里面。"

销售员："是的，先生。注重生活质量是很多人对我们公司感兴趣的原因之一，而看得出来您就是一个很注重生活质量的人。你我都明白价格与质量总是相连的，能解释一下为什么你目前使用的冰不花钱吗？"

爱斯基摩人："很简单，因为这里遍地都是。"

销售员："您说得非常正确。您使用的冰就在周围。日日夜夜，无人看管，是这样吗？"

爱斯基摩人："噢，是的。这种冰太多太多了。"

销售员："那么，先生，现在冰上有我们——你和我，你看那边还有正在冰上清除鱼内脏的邻居们，北极熊正在冰面上重重地踩踏。还有，你看见企鹅沿水边留下的脏物吗？请您想一想，设想一下好吗？"

爱斯基摩人："我宁愿不去想它。"

销售员："也许这就是为什么这里的冰不用花钱……能否说是经济合算呢？"

爱斯基摩人："对不起，我突然感觉不大舒服。"

销售员："我明白。给您家人饮料中放入这种无人保护的冰块，如果您想感觉到舒服必须得先进行消毒，那您如何去消毒呢？"

爱斯基摩人："煮沸吧，我想。"

销售员："是的，先生。煮过以后您又能剩下什么呢？"

爱斯基摩人："水。"

销售员："这样您是在浪费自己时间。说到时间，假如您愿意在我这份协议上签上您的名字，今天晚上你的家人就能享受到最爱喝的，既干净又卫生的北极冰块饮料。噢，对了，我很想知道您的那些正在清除鱼内脏的邻居，您认为他们是否也乐意享受北极冰带来的好处呢？"

结果，爱斯基摩人购买了销售员推销的冰。

把冰卖给爱斯基摩人，这看似是一个不可能完成的事情，但上例中的销售员却做到了。事实上，只要找到合适的方法，一切皆有可能。

没什么不可能的事情，当你销售产品的时候，不要给自己找理由，也不要有借口，更不要总想着我的产品不够好、我不够好，或是今天客户心情不好，因为没有成交不了的客户，没有谈不了的单。推销并不仅限于要把产品推销给需要它的人，推销的最高境界是：即使他拥有无数个同类的东西，只要你能够找出与它同类的东西的差异，以情动人，以诚待人，使客户产生购买欲。你应该尽量让客户觉得，即使他已经有了这个东西，但仍需要购买。记住：天下没有卖不出去的产品。

一家从事日常用品专营项目的企业，一来为了开拓市场，二来为了提拔新任的销售部经理，于是决定给最有希望晋升的三名销售人员出一个大大的难题：把梳子卖给和尚。

规定便是：在半个月内，谁卖出去的梳子最多，就可得到升迁机会。

甲是其中的一员，他几乎跑遍了所有的寺院，起初就连他自己也羞于开口，要把梳子推销给和尚，自己想想都觉得荒唐。但是，为了赢得这个重要的机会，他可谓是磨破了嘴皮，去向每一个和尚推销，结果却是：再静心的和尚都被这一举动给逗乐了。最后只有一名头皮爱发痒的老和尚把梳子当作挠痒工作给买了。

乙呢，他与甲的遭遇一样，但就在他近乎绝望时，他看到烧香的信徒中有个女客头发有点散乱，于是，他心生一计。随即，他向老和尚阐述了这一现象是对菩萨的大不敬，寺院应备一些梳子供来客使用。结果：他成功说服了两家寺院，共销售了8把梳子。

丙在面临这个考验时，首先想到的不是荒唐二字，而是在想：天底下没有卖不出去的产品，每一样产品必然有其需求群，每一个客户都有切入口，关键就是如何找到这个切入口。既然对和尚不能直接销售梳子，那么可以从哪种途径来进行间接销售呢？

最终，他利用几天的时间在寺院里观察、研究，终于找到了契机。他找到寺院负责人说：寺院是一个神圣的地方，它可以平静人们心灵，安抚人们的心绪，人们不远千里来到寺院，目的就是为了祈福、许愿、还愿，因此，在离去的时候都想带点安慰回去，与佛祖在一起的实物性的东西会让他们更踏实，更有安慰。所以，寺院不如在梳子上刻上各种祝福，如姻缘梳、虔诚梳、好运梳、发财梳等等，让来客可以梳清理顺万千烦恼丝。除此之外，丙还把梳子进行了分级，在某些条件下可以在适当的时候分发给适当的来客。

此举一出，果然反响很好，不但引来大量香客，还颇受好评。以至于，此消息一传出，各大寺院都纷纷上门来要求大批量定购。

所以，在这半个月的时间里，丙的成绩不断地在刷新，上千，上万……

从这个案例中，我们已然可以看出：最后的赢家便是丙。他的成功源于他坚定的信念——“天下没有卖不出去的产品”“每一个客户都有切入点”，这些自信乐观的心态，让他赢在了起跑线上。

销售没有什么不可能，那些业绩平平的销售人员，之所以不能成交，很大原因是他们太熟悉“不可能”这个词了，总是说这个不可能那个不可能，其结果是真的没有了可能。

人们常常会对自己本身或自己的能力产生“自我设限”，其中的原因可能是因为过去曾经失败过，因而对于未来也不敢寄望会有成功的一日，也有可能是没有一个活生生的具体目标，对于愿望能否实现心存疑虑。长久下来他们便开始学得务实，而终于平庸。结果，自设的绝境，比生活给的绝境更加让人难以逾越。而拥有坚定信念的人，却总能在生活的有限中走出无限来，因为他们更善于在绝望之处看到希望，在不可能中捕捉到可能。

激发潜意识，挖掘你销售的潜能

潜意识是深藏在人的精神世界里的一种的力量。心理学认为，潜意识与销售关系密切，它是通向销售成功的大门。潜意识是一种比知识、外部环境更能提高你销售能力的力量。

心理学研究表明：销售包括15%的知识、专业技能或其他理论因素，也包括另外85%的下意识因素，如态度、自我认识、价值观念，以及其他来自精神和情感的影响。

成功销售员的欲望，许多来自于现实生活的刺激，是在外力的作用下产生的，而且往往不是正面鼓励型的。刺激的发出者经常让承受者感到屈辱、痛苦。这种刺激经常在被刺激者心中激起一种强烈的愤懑、愤恨与反抗精神，从而使他们做出一些“超常规”的行动，焕发起“超常规”的能力。一些成交高手在获得成功后往往会说：“我自己也没有想到自己竟然还有这两下子。”

根据研究，即使世界上记忆力最好的人，其大脑的使用也没有达到其功能的1%，人类的智慧和知识，至今仍是“低度开发”。每个人终其一生，都忽略了如何有效地发挥它的潜能——潜意识中激发出来的力量。销售人员就要学会激发自己潜意识中的力量，从而使自己获得强大的力量。

任何人的成功都不是天生的，成功的根本原因是开发人的无穷无尽的潜能，人的潜能犹如一座待开发的金矿，蕴藏量无穷，价值无比，每个人都拥有一座潜能金矿，关键是如何来去挖掘和开发。

人类的潜意识是很奇妙的，会受到很多因素的影响，比如你的父母、你的早期教育、曾经的美好爱情或情感挫折。你会评价所有这些生活经历，并形成牢固的内在看法。如果一个人从小到大被灌输的信息是“你是最好的”“你是最棒的”，这个人会充满自信；相反的，当一个人从小到大都被父母嫌“你很差劲”“你比不上别人”，这个人在做任何事情的时候，都会对自己没有信心。

同样的道理，如果我们向客户输入正面的信息，客户接收的也是正面的想法；如果我们向客户输入负面的信息，客户的想法也会变成负面的。

这种潜意识不但适用于客户，也适用于销售人员本身。在销售产品之前，请向自己输入“客户一定会买我的东西”的正面信息，而不要老是想着“客户到底会不会买我的东西”？因为正面的能量绝对赢过负面的、怀疑的能量。人们有了一个潜在的目标后，就会有意识地寻找支持潜意识信念和价值的力量。如果认为自己只能完成某个销售额，那么人们就会无意识地搜寻符合这个购买水平的潜在顾客。同时，人们也会使自己的活动与能够完成的销售额相适应。

有一年，该公司雇用了一个不成熟而且缺乏信心的年轻销售员，这位销售员在经过前两个阶段的学习后，对自己能否胜任工作一点儿也没有把握，他正担心经理不发给他“毕业证书”呢。

可是，那位经理在对他讲了“你能干好的”之类的鼓励性的话后，说道：

“喂，你听着，我要把我想要做的事告诉你，我打算让你到街对面的‘绝对可靠的预计客户’的住处去销售，以往我也总是把新来的销售员派到那里去销售。理由很简单，因为那个老头是个买主，什么时候都买我们的东西。但是，我要预先警告你，他是一个厚脸皮、令人讨厌、爱吵嘴而且满口粗话的人。你如果去见他，他只是叫嚷一阵而已，实际上他是不会吃了你的。所以，无论他说什么，你都不要介意。作为我来说，希望你默不作声地听着，然后说‘是的，先生，我明白了。我带来了本市最好的印刷业务的商谈说明，我想这个说明对你来说，也一定是想要得到的东西’。总而言之，他说什么都没关系，要坚持你的立场，然后反过来讲你要说的话。可不要忘记啊，他在什么时候，都会向我们的销售员订货的。”

这位被打足了气的年轻销售员随即冲过大街叫开门进入屋里，报了自己公司的名字。在头5分钟里，他没有机会讲上一句话。因为那老头不停地给他讲一些无关紧要的事情，一会儿教他某种菜的吃法，一会儿又教他一些莫名其妙的英语词汇。好在这位销售员事先得到过警告，他耐心地等待暴风雨过去。最后他说：“是的，先生，我明白了。那么，这是本市最好的印刷业务的商谈说明，这样的商谈说明，当然是您想要得到的东西。”这样一进一退的进攻和防御大约持续了半个小时。半小时后，那个年轻的销售员终于得到了该印刷公司从未有过的最多的订货。

当他喜滋滋地把订单交给经理时，他说：“您说的关于那位老人的话没错。他是一个厚脸皮、令人讨厌、爱吵嘴、满口粗话的人。可是我要对那位可爱的老人说稍微不同的话：他真是个买主！这是我在公司任职以来获得的最大的一批订货呀。”

经理看了一下订单，满脸惊讶地说：“喂，你搞错人了吧？那个老头，在我们遇到的对手中，是最吝啬、最讨厌、最好吵架，而且是最爱说粗话的老色鬼！我们这15年来总想让他买点儿什么东西，可是那那个老头连1元钱的东西也没有买，总之，他从来没从我们这儿买过一件东西。”

这个事例中的销售员为什么能够拿到订单，因为之前经理给他“打足了气”，在他的潜意识里相信那个客户一定会购买产品的，销售员相信了经理的话，这就让他坚定不移的想法和积极的思考信念投射到他的行为上，而他行为上的坚持到底，最终导致了客户真的跟他买了产品。

当你坚信客户会买，客户真的就会购买。只要你坚定自己的信念，你的行动力就变强了，你的成交能力就变强了。客户不会自动成交而是被引导成交的。所以你潜在的想法会影响成交的结果。

每当有人问我“最难销售的是什么东西”时，我的回答是：“最难销售的并不是东西，而是信念。”再好的商品，如果客户感受不到，就算用尽所有的花招，也卖不出去。相反的，当客户认同了你的信念时，再难卖的东西，也会变得非常好卖，因此，在销售之前，我们一定要先找出内心潜在的信念，并且坚持它、相信它！

世界潜能大师博恩·崔西曾经说过：“潜意识的力量比意识大三万倍以上。”所以，任何的潜能开发，任何希望的实现，都是依靠一个人的潜意识作用。而运用潜意识的第一个方法，就是不断地想象，改变自我内在的影像和图片；第二个影响潜意识的方法，也就是要不断地自我暗示，或是所谓的自我确认。通常，每当你想要实现任何一个目标的时候，就不断地重复地念着它。这样不断地经你反复地练习，反复地输入，当你的潜意识可以接受这样子一个指令的时候，所有的思想和行为都会配合这样一个想法，朝着你的目标前进，直到达到目标为止，这是一个非常神奇的概念。

不服输：成功都是拿挫折换来的

销售是最容易遭遇挫折的职业。销售人员应以积极、坦然的态度对待销售的失败，真正做到不气馁。而现实中有些销售人员经历了几次失败之后，担心失败的心理障碍愈为严重，以至于产生心态上的恶性循环。实际上，即使是最优秀的销售人员，也不可能使每一次销售洽谈都变为最后的成交。在销售活动中，真正达成交易的只是少数。我们应该充分地认识到这一事实，鼓起勇气，不怕失败，坦然接受销售活动，才可能产生的不同结果。

曾经有一个富家子弟，不希望借助家庭背景发展，打算从最基础的工作开始，于是做起了销售员。但在经历了最初的几次挫折后，不禁萌生退意，想要换别的工作。他的父亲，一位从做销售起家的亿万富翁是这样对他说的："如果你连一件商品都销售不出去，你怎么能成功地销售出自己呢？如果连自己都销售不了，你做什么事情能成功吗？"记住，你可以逃避销售工作，但你能逃避人生吗？

人生道路，到处布满了荆棘，有着各种各样的挫折，逃避是解决不了问题的。我们只有坚强地去面对、去拼搏，才会获得真正的人生和成功。

销售失败是不可避免的，但问题不在于失败，而是对失败的态度。有些销售人员把失败看成是自己无能的象征，把失败的记录看成是自己能力低下的证明。这种态度才是真正的失败。销售人员面对顾客的拒绝，害怕了，不敢前进。这样，与其说是在一次一次地逃避拒绝，不如说是在一次一次地赶走成功。如果害怕失败而不敢有所动作，那就是在一开始就放弃了任何成功的可能。

玛丽是一家保险公司的推销员，每月保持推销10个订单的纪录，这一纪录一直使她备感骄傲。有一天，玛丽在鱼市上向一位中年人推销，却遭到呵斥，并警告说如果她再不离去，就要把水泼到她身上。玛丽并未介意，还想继续同他讲话，但做梦也想不到的是，那位中年人竟然真把整桶的水毫不客气地倒向了她，使她当众成了一个落汤鸡。受到这种羞辱，她不禁泪珠滚滚。“我何必要接受这种耻辱？即使我不做缝纫机的推销工作，丈夫的收入也足够养活一家人。在外抛头露面，还碰到这种惹人笑话的事……我……再也不干销售员了！”

玛丽下定了决心。但是，她回家之后就冷静了下来，她觉得自己不能在这种耻辱的面前退却，一股不服输的念头油然而生。经过数天的思考，她终于得出一个结论：“目前，我在公司一直是销售冠军，也许，这个工作就是我的天职，很可能是上帝有意的安排。如果我就此停止销售工作，这一生必定死都要受这次失败和耻辱的缠绕，永远不得安宁。好吧，我绝不为这次事件而气馁，我要一直维持冠军宝座到四个孩子大学毕业。”此后，玛丽以鱼市上的失败为新的起点，创造了连续15年销售成绩第一的佳绩。在这家保险公司，至今还没有一个销售员，改写她15年冠军宝座的纪录。正是因为玛丽激发了自己的能力，不向失败低头，才赢得了属于自己的荣誉。

对于销售人员来说，挫折和失败简直是家常便饭。优秀的销售人员遭受挫折后，能够很快地调整过来，继续努力。

生活中总有坎坷和困难，销售工作也会遇到各样的问题。事实上，每一次问题出现，都可以看作是提升自身能力的一次考验。当你迈过了这道坎儿，也意味着你的销售水平跃升到更高的层次。所以，销售人员必须学习如何去面对挫折和失败，进而提高转化挫折的力量，化阻力为助力，让自己的心情更健康、生活更充实。

1. 加强应对挫折的能力。销售人员的工作往往会遇到挫折，他不可能在销售产品时每到一处都必定成功。而这种挫折又往往会影响销售人员的自信心和克服困难的意志。本来再做些工作买卖就可成交了，如果销售员因为刚刚遇到的挫折使他有些灰心，他就很可能会放弃即将获得成功的机会。所以，销售人员应加强自己应对挫折的能力。

2. 把客户的拒绝当作磨炼。军队里流行一句话："平时的要求叫训练，特殊的要求叫磨炼。"成交也应如此。如果你将客户的拒绝当成平时锻炼自己具备免疫功能的抗体，又何必担心这些外来的挫折会打击自己呢。你应该愈挫愈勇，把客户的拒绝作为对自己成交技巧的磨炼。

3. 调节自己的心理状态。当面对客户的拒绝时，不应该只解读为自己的能力不够或专业知识不足，而应转变成另一种想法，将客户的拒绝转化成"由于我的成交将会带给客户相当的利益，因此，拒绝是客户的损失"。如此一来，你就可以使被伤害的心灵得到安慰。

4. 永远不放弃。在优秀销售员的成功之路上，失败就是路上的一座座桥梁，正是这些桥梁的存在，才使得他们向着伟大的目标不断前进。在面对客户拒绝时，如果你觉得这是一件很可耻的事情，从而中断了自己的前进路程，那么，可想而知你将一无所成。除非你自己放弃，否则你不会被打垮。失败了继续坚持，继续努力，你就会成功。

5. 掌握有效的成交技巧。销售人员只有具备一定的成交技巧，才能应付市场上不同的需求、面对不同类型的客户群。因此，在将商品销售给客户时，你必须具备各种成交技巧。愈难成交的商品，愈需要技巧才能达到目的。只要你具备足够的成交技巧，心里自然十分踏实而无所畏惧，如果你能将成交技巧运用自如，挫折与失败当然会愈来愈少。

坚持到底，不达销售目的决不罢休

贝德佳的一生是传奇的一生，他的成功是所有年轻人的一剂提神剂，也给全世界带来了振奋与欢呼。他在《推销改变了我的一生》中写道：推销员在推销过程中遇到了一些麻烦，可能使你烦恼万分，这时候，有一个基本原则可用，而且永远适用，这个原则非常简单——永不放弃。

对销售人员来说，遭受挫折或被拒绝是一件非常沮丧的事情。它意味着自己为销售而准备的大量前期工作，将付诸东流，前功尽弃。所以一些销售人员由此丧失信心，经受不住这个无情的打击，最终在这个职业上淘汰了自己。事实证明，只有那些坚持到底的人，才能最终赢得客户。

乔·吉拉德曾经说过："成功的人有时候也是被逼出来的。我想大多数人都会承认，他们之所以成功，是因为他们的坚韧不拔，不断追求成功。事实上，坚韧不拔便是成功的保证。"销售是一份需要持久耐力和坚强意志力的工作，胜利的曙光往往就在你的最后坚持之中。销售人员在向潜在客户推销产品时，遭到拒绝是正常的，我们应该以正确的心态去面对。

有一家报社的职员。他刚到报社当广告业务员时，不要薪水，只按广告费抽取佣金。他列出一份名单，准备去拜访一些很特别的客户。

在去拜访这些客户之前，麦克走到公园，把名单上的客户念了100遍，然后对自己说："在本月之前，你们将向我购买广告版面。"

第一周，他和12个"不可能的"客户中的3人谈成了交易；在第二个星期里，他又成交了5笔交易；到第一个月的月底，12个客户只有一个还不买他的广告。

在第二个月里，麦克没有去拜访新客户，每天早晨，那拒绝买他的广告的客户的商店一开门，他就进去请这个商人做广告，而每天早晨，这位商人却回答说："不！"每一次，当这位商人说"不"时，麦克假装没听到，然后继续前去拜访，到那个月的最后一天。对麦克已经连着说了30天"不"的商人说："你已经浪费了一个月的时间来请求我买你的广告，我现在想知道的是，你为何要这样做。"麦克说："我并没浪费时间，我等于在上学，而你就是我的老师，我一直在训练自己的自信。"这位商人点点头，接着麦克的话说："我也要向你承认，我也等于在上学，而你就是我的老师。你已经教会了我坚持到底这一课，对我来说，这比金钱更有价值，为了向你表示感激，我要买你的一个广告版面，当作我付给你的学费。"

任何销售项目的成功都有一个量变到质变的积累和飞跃的过程，也只有当量积累到一定时期，事物才能发生质的飞跃。成就这种质的飞跃就要坚持、再坚持，努力、再努力。

在销售过程中，签订合同，销售产品，不会一谈就成，它需要一个持之以恒的努力过程。而往往有些销售员因不能坚持到底，忍耐性不够，虽为销售任务付出了很多时间和努力，但最终改弦易辙，使此事前功尽弃。殊不知，倘若自己再坚持一天或再去一次，自己所期望的结果就可能会出现。

在美国，曾经有一位穷困潦倒的年轻人，当他即使把身上全部的钱加起来都不够买一件像样的西服的时候，他仍全心全意地坚持着自己心中的梦想，他想做演员，拍电影，当明星。

当时，好莱坞共有500家电影公司，他逐一数过，并且不止一遍。后来，他又根据自己认真划定的路线与排列好的名单顺序，带着自己写好的量身定做的剧本前去拜访。但第一遍下来，500家电影公司没有一家愿意聘用他。

面对百分之百的拒绝，这位年轻人没有灰心，从最后一家被拒绝的电影公司出来之后，他又从第一家开始，继续他的第二轮拜访与自我推荐。

在第二轮的拜访中，500家电影公司依然拒绝了他。

第三轮的拜访结果仍与第二轮相同。这位年轻人咬牙开始了他的第四轮拜访。当拜访完第349家后，第350家电影公司的老板破天荒地答应愿意让他留下剧本先看一看。

几天后，年轻人获得通知，电影公司请他前去详细商谈。

就在这次商谈中，这家公司决定投资开拍这部电影，并请这位年轻人担任自己所写剧本中的男主角。

这部电影名叫《洛奇》。

这位年轻人的名字就叫史泰龙。

伟大的成功者，是那些在多数人因失败而摘下头盔时，仍勇于战斗的人。日本某保险公司销售代表齐藤先生说过："如果你在第一次销售沟通中没有达成目标，那你就要连续不断地对客户进行跟踪销售，直到他们成为你的又一位签约客户。"遇到困难和挫折时，要持之以恒，不要轻言放弃，这是优秀的销售人员必备的心理素质。

销售其实没有什么秘诀，如果说有，那就是绝不放弃、永不言败！只有这种精神，才能在不断地遭遇挫折、失败后崛起，即使百战百败，也仍百败百战，直至成功。

让拒绝成为前进的动力

做任何事情都不是一帆风顺的，销售更是如此。在销售的过程中，我们不断面临着挑战，不断面临着失败与挫折，也不断面临着种种的艰难与困苦，可以说做销售是一个具有一定难度的工作，再成功的销售员也会遭到客户的拒绝，销售就是从被拒绝开始的。既然你有勇气接受销售这样一种职业，你就应该敢于面对销售过程中的各种挫折，敢于正视客户的拒绝，敢于承受多日来没有签下一份购买合同的事实，敢于直面许多人对你的冷眼和歧视……当你敢于应对这些挫折，并努力想办法进行解决时，你已经开始踏上了销售的成功之路。

舒斯特是美国保险推销界的推销大王。他初次踏入推销领域时，也曾遭遇到不少挫折和困难。但是，一次失败的教训，带给了他一生中最大的启示与转折点。

有一天，舒斯特到一家工厂拜访一位老板。那位老板正埋头于工作中，当舒斯特做过自我介绍并且说明来意后，他一副颇不耐烦的样子，挥挥手说："推销保险，我不需要！"舒斯特的自尊心受到了严重的伤害。

于是，舒斯特一个人漫步于街头，信步走到一座公园，独自坐在冷板凳上反省，心想："自己到底适不适合当推销员？"左思右想之下，他越来越对推销工作感到气馁。这时候，一声"哎哟"引起了舒斯特的注意，原来有两位小朋友在练习溜冰，其中有一位小朋友不小心跌了个四脚朝天，却见他不当一回事地自己爬起来。舒斯特走上前去问："小弟弟，你不怕疼吗？"跌倒的男孩若无其事地回答说："我只想把溜冰学好，跌倒了，不算什么，再爬起来就是了。"听了小朋友的答话，舒斯特深受启发：一点也不错，跌倒了，再爬起来就是了，只要肯下功夫，一定能够成功的！

第二天，舒斯特又前往昨天碰过钉子的工厂拜访。首先，舒斯特告诉老板，他是为昨天冒昧的打扰，专程来致歉的。那位老板看到舒斯特如此客气，态度比昨天好多了。因此，舒斯特趁机请教他一个问题："如果贵工厂的职员在外面遇到了困难便退缩的话，你还用不用他？"这位聪明的老板立刻明白了舒斯特的言下之意，因此，立刻请舒斯特坐下，并且告诉舒斯特，他愿闻其详。

结果，舒斯特成功地拿到了这位工厂老板的订单。从此，舒斯特便不断地告诉自己："推销是从拒绝开始的。摔倒了要勇敢地爬起来。"

成功的销售员总是勇于面对顾客的拒绝，并养成了对吃闭门羹不太在意的气度，无论遭到如何不客气的拒绝，都能保持彬彬有礼，而且毫不气馁。实际上，很多时候，被顾客拒绝并不意味着机会永远丧失。当销售员遇到拒绝时，一定要保持良好的心态，要理解顾客的拒绝心理，要以顽强的职业精神，不折不挠的态度正视拒绝，千万不要因此而心灰意冷，放弃这项工作。如果你持之以恒，把所有的思想和精力都集中于化解顾客的拒绝之上，自然就会赢得顾客。

世界寿险首席推销员齐藤竹之助之说："推销就是初次遭到顾客拒绝之后的坚持不懈，也许你会像我那样，连续几十次、几百次地遭到拒绝。然而，就在这几十次、几百次的拒绝之后，总有一次，顾客将同意采纳你的计划，为了这仅有的一次机会，推销员在做着殊死的努力，推销员的意志与信念就显现于此。"

新华人寿行销总冠军蒙瑞英说："推销从拒绝开始，100个客户中有99个拒绝你很正常。有一个接受你就是惊喜。遭受拒绝后，一定要坚持，客户往往欣赏的就是你的信心与耐力。”

销售肯定会面对抗拒，如果每个人都排队去买产品，那销售员也就没有作用了，顶尖的销售员也不会被人们所尊重。所以销售遭受拒绝是理所当然的。

优秀的销售员认为被拒绝是常事，并养成了习惯吃闭门羹的气度。他们会时常抱着被拒绝的心理准备，并且怀有征服顾客拒绝的自信，这样的销售员会以极短的时间完成销售，即使失败了，他们也会冷静地分析顾客的拒绝方式，找出应对这种拒绝的方法来，待下次遇到这类拒绝时即可从容应对，成交率也会越来越高。

亨特是一家服装店的老板，为了拓展自己的生意，他积极进行着开发活动。他在打算进入一家店面之前，准备先在店面附近的仓库出入口逛逛。这时，他听到仓库内传来了争吵的声音，面对这种形势，亨特觉得会对推销十分不利。但既然来了，便决定上前和店主打个招呼。

于是，亨特上前对店主说：“您好！不好意思耽误您的宝贵时间，我只是想和您打个招呼而已。我是枫叶服装公司的亨特。”亨特边说边恭敬地递上了自己的名片。

当然，亨特知道在这种情况下，不可能会推销成功的，他也只是抱着再来一次的心里。但是令亨特意想不到的是，店主看也没看一眼名片便把它丢在了地上，说：“我不需要你的东西，请走远点。”

见到对方这种态度，亨特十分愤怒，但却压住了心中的怒火，弯下腰拾起被扔在地上的名片，并且说：“很抱歉打扰您了！”

得知这种情况后，亨特的同事都认为这家店一定攻不下来，但是在半个月后，亨特却再度前往拜访。

来到店中，店主十分不好意思，向亨特解释说自己那天的行为并不是故意的，只是当时心情不好，所以才会做出那种过火的行为。后来还欣然接受了亨特的推销，并且还成了亨特的最佳顾客。

在销售的过程中，销售员常见的挫折就是遭到客户的拒绝。尤其是对一些上门进行推销的销售员来说，吃到闭门羹也是一件非常正常的事情，但是却很少有销售员能用一种平和的心态来看待吃闭门羹这件事情。其实，对于销售来说，很多时候，第一、第二次是很难能够谈成生意的，但是如果你敢于面对这种被拒绝的挫折，用你真诚的心来使客户敞开自己的心扉，这样你就会与客户更加亲近，也就有助于推销的进行。

第二章

心理解读：读懂客户的心理

吃透客户心理，生意才能滚滚来

乔·吉拉德曾说过，要想使消费者买你的东西，还得仔仔细细分析“上帝”们的购买心理。销售人员在推销过程中，充分了解客户的购买心理，是促成生意成交的重要因素。正所谓：知彼知己，百战不殆。

一个乡下来的小伙子去应聘城里“世界最大”的“应有尽有”百货公司的销售员。老板问他：“你以前做过销售员吗？”

他回答说：“我以前是村里挨家挨户销售的小贩子。”老板喜欢他的机灵，“你明天可以来上班了。等下班的时候，我会来看一下。”

一天的光阴对这个乡下来的穷小子来说太长了，而且还有些难熬。但是年轻人还是熬到了5点，差不多该下班了。老板真的来了，问他说：“你今天做了几单买卖？”“一单。”年轻人回答说。“只有一单？”老板很吃惊地说，“我们这儿的售货员一天基本上可以完成20到30单生意呢。你卖了多少钱？”“30万美元。”年轻人回答道。

“你怎么卖到那么多钱的？”老板目瞪口呆，半晌才回过神来问道。

“是这样的，”乡下来的年轻人说，“一个男士进来买东西，我先卖给他一个小号的鱼钩，然后中号的鱼钩，最后大号的鱼钩。接着，我卖给他小号的渔线，中号的渔线，最后是大号的渔线。我问他上哪儿钓鱼，他说海边。我建议他买条船，所以我带他到卖船的专柜，卖给他长20英尺有两个发动机的纵帆船。然后他说他的大众牌汽车可能拖不动这么大的船。我于是带他去汽车销售区，卖给他一辆丰田新款豪华型‘巡洋舰’。”

老板后退两步，几乎难以置信地问道："一个顾客仅仅来买个鱼钩，你就能卖给他这么多东西？"

"不是的，"乡下来的年轻售货员回答道，"他是来给他妻子买卫生棉的。我就告诉他'你的周末算是毁了，干吗不去钓鱼呢？'"

虽然上面的案例看起来多少有些不真实的成分在里面，但从另一个方面来看，的确是道出了销售员在销售过程中，要像医院给病人看病一样看透顾客的心理。

成交其实很简单，制胜策略就是摸透顾客的心理。客户在成交过程中会产生一系列复杂、微妙的心理活动，包括对商品成交的数量、价格等问题的一些想法及如何与你成交、如何付款、订立什么样的支付条件等。客户的心理对成交的数量甚至交易的成败，都有至关重要的影响。因此，优秀的销售人员都懂得对客户的心理予以高度重视。

归纳起来，客户的消费心理主要有以下几种：

（1）求实心理。这是客户普遍存在的心理动机。他们购物时，首先要求商品必须具备实际的使用价值，讲究实用。有这种动机的客户在选购商品时，特别重视商品的质量效用，追求朴实大方，经久耐用，而不过分强调外形的新颖、美观、色调、线条及商品的"个性"特点，故在挑选商品时认真、仔细。

（2）求美心理。爱美之心，人皆有之。有求美心理的人，喜欢追求商品的欣赏价值和艺术价值，以中青年妇女和文艺界人士中较为多见，在经济发达国家的客户中也较为普遍。他们在挑选商品时，特别注重商品本身的造型美、色彩美，注重商品对人体的美化作用，对环境的装饰作用，以便达到艺术欣赏和精神享受的目的。

（3）求新心理。有的客户购买物品注重“时髦”和“奇特”，爱赶“潮流”。在经济条件较好的城市中的年轻男女中较为多见，在西方国家的一些客户身上也常见。

（4）求利心理。这是一种“少花钱多办事”的心理动机，其核心是“廉价”。有求利心理的客户在选购商品时，往往要对同类商品之间的价格差异进行仔细地比较，还喜欢选购折价或处理商品。具有这种心理动机的人经济收入较低者为多。当然，也有经济收入较高而节约成习惯的人，精打细算，尽量少花钱。有些希望从购买商品中得到较多利益的客户，对商品的花色、质量很满意，爱不释手，但由于价格较贵，一时下不了购买的决心，便讨价还价。

（5）求名心理。这是以一种显示自己的地位和威望为主要目的的购买心理。有这种心理的客户多选购名牌，以此来“炫耀自己”，他们普遍存在于社会的各阶层，尤其是在现代社会中，由于名牌效应的影响，吃穿住行使用名牌，不仅提高了生活质量，更是一个人社会地位的体现。

（6）仿效心理。这是一种从众式的购买动机，其核心是不落后或“胜过他人”。他们对社会风气和周围的环境非常敏感，总想跟着潮流走。有这种心理的客户，购买某种商品，往往不是由于急切的需要，而是由于为了赶上他人，超过他人，借以求得心理上的满足。

（7）偏好心理。这是一种以满足个人特殊爱好和情趣为目的的购买心理。有偏好心理动机的人，喜欢购买某一类型的商品。例如，有的人爱养花，有的人爱集邮，有的人爱摄影，有的人爱字画等。这种偏好性往往同某种专业、知识、生活情趣等有关。因而偏好性购买心理动机也往往比较理智，指向也比较稳定，具有经常性和持续性的特点。

（8）自尊心理。有这种心理的客户在购物时，既追求商品的使用价值，又追求精神方面的高雅。他们在购买之前，就希望他的购买行为受到销售人员的欢迎和热情友好地接待。经常有这样的情况，有的客户满怀希望地进商店购物，一见销售人员的脸冷若冰霜，就转身而去，到别的商店去买。

（9）疑虑心理。这是一种瞻前顾后的购物心理动机，其核心是怕“上当”“吃亏”。他们在购物的过程中，对商品的质量、性能、功效持怀疑态度，怕不好用，怕上当受骗，满脑子的疑虑。因此，反复向销售人员询问，仔细地检查商品，并非常关心售后服务工作，直到心中的疑虑解除后，才肯掏钱购买。

（10）安全心理。有这种心理的人，他们对欲购的物品，要求必须能确保安全，尤其像食品、药品、洗涤用品、卫生用品、电器用品和交通工具等，不能出任何问题。因此，他们非常重视食品的保鲜期，药品有无副作用，洗涤用品有无化学反应，电器用具有无漏电现象等。在销售人员解说、保证后，才能放心地购买。

（11）隐秘心理。有这种心理的人，购物时不愿为他人所知，常常采取“秘密行动”。他们一旦选中某件商品，而周围无旁人观看时，便迅速成交。青年人购买和性有关的商品时常有这种情况。一些知名度很高的名人在购买高档商品时，也有类似的情况。

掌控客户的心理周期变化

客户的购买行为是一个动态的、交互式的过程，并不是一成不变的，而且其购买决策的有效性会随着客户消费心理的变化而变化。所以，销售员与客户交流时，必须掌控客户的心理变化周期。

一般来说，在成交的过程中，客户的心理会发生四个阶段的变化。

一、戒备期

这一时期常常发生在销售的初始阶，也是销售人员最难突破的一个阶段，并且要面临重重的猜测和怀疑。客户通常会对你的公司产生怀疑："你们有厂家的手续吗？全吗？带着没有呀？"如果带着的话，当你拿出来给他看，他们看得要么仔细到恨不能放在显微镜下查，要么就根本不看，总之其态度让人感到十分不舒服。如果销售人员想快速突破这一时期，就要学会换位思考。假如你是客户，一定也会首先考虑产品的真假质量等，所以被怀疑很正常。此时，只要销售员耐心地全力配合客户，并且细心回应客户，就能顺利过关。

二、拒绝期

这是十分关键的一个时期，对销售人员的心理承受力是一个巨大的考验，因为此时的客户虽然不再怀疑厂家的真假，但是步入第二个怀疑阶段：产品质量怀疑期，尤其对于广大的不知名的中小厂家，这点体现得尤为明显，此阶段的典型语言："类似的产品我们都有，不缺。""我们有某某大厂的，客户们都认大厂的。""以后再说吧，这次不定了"等等类似的逐客语言，并且态度比较冷漠，甚至于让人心寒。渡过这一阶段的要诀：产品比较，思想启发引导。比如价位和利润空间方面，"的确，我们的厂家不大，但是，大厂家的产品价格高，利润空间不大，因此在质量差别不大的情况下，利润高难道您还不想尝试吗？""现在国家监管很严，企业生产的产品质量差别越来越小，体现在效果上差别几乎没有，这点您肯定比我更加清楚，因此我觉得您应该尝试一下我们的产品。"这一阶段约需十分钟左右。充满自信的一番耐心引导之后，大部分客户必然进入第三个阶段：那就是尝试期。

三、尝试期

如果客户的心理达到了这一时期，销售人员就充满了希望和曙光，已经进入初秋了，收获在即。通常在这个阶段，客户的心理有了松动，他会开始咨询或者关注产品了。此时的典型语言和动作一定要注意掌握。典型语言如："你们厂家准备在这边做多长时间？""这个产品效果怎样？""这个产品多少粒的？几天的量？"而典型行为：主动拉近与你的距离，眼神开始向一个角度凝聚，在你回答他的问题时，他会看你的眼神等等。此时对策为：沉着冷静，语言准确果断，眼神更要自信。比如针对在这边做多长时间的提问，就要坚定地回答："我们在这边要长期做下去！放心，客户的后期服务和维护我们一定做到位，有什么问题我们肯定会第一时间和您沟通！"关于产品的效果，最好用真实的例子作答，并且要注意不要与客户离得太远，最好举在同一城市的例子。这样会进一步增强客户订货的信心。接下来就是收获期了。

四、接纳期

这是最后一个阶段，接纳期又称为订货期。客户已经开始信任你了，他们通常会说："订点先试试，好的话再接着订。""以后如果想订货，我们怎么找你们？"此时虽然心门打开，但是他们还是不想主动订太多。这时销售人员仍旧要进一步给他们信心："以后我们的货就在你们当地的某公司仓库，他们每次给你打电话时你随时可以订货。""我建议你这个产品应该多定一点，有一点您放心，我们会定期给您打电话，即使你卖不好，我们可以随时调货的！"这个阶段需要销售员帮客户下决心，促使其购买产品。

了解不同年龄客户的购买心理

不同年龄的客户，在购物过程中会表现出不同的心理差异。销售人员必须了解不同年龄的客户在购买过程中的心理特征，从而使自己的服务更能迎合客户的需求心理。

一、青年人消费心理

1. 追求时尚和新颖。青年消费者是流行商品的消费带头人，他们对推动商品更新换代起先导作用，这是由其青春期的心理特征决定的。典型的表现是内心丰富、感觉敏锐、富于幻想、勇于创新、敢于冲破旧的传统观念与世俗偏见，易于接受新鲜事物，追随时代潮流。表现在他们的购买行为中趋向求新求美，喜欢购买富有时代特色的商品来装饰自己和家庭，表现出现代化的生活方式，以博得他人的赞许和羡慕。因此，投放市场的新产品，社会流行的某一商品，都会引起他们极大的兴趣和购买欲望，购买动机也会随之形成。调查发现，在事先没有明确的购买目标，但却实现了购买行为的消费者中，青年人居多数。青年人的特点是热情奔放、思想活跃、富于幻想、喜欢冒险，这些特点反映在消费心理上，就是追求时尚和新颖，喜欢购买一些新的产品，尝试新的生活。在他们的带领下，消费时尚也就会逐渐形成。

2. 表现自我和体现个性。这一时期，青年人的自我意识日益加强，强烈地追求独立自主，在做任何事情时，都力图表现出自我个性。这一心理特征反映在消费行为上，就是喜欢购买一些具有特色的商品，而且这些商品最好是能体现自己的个性特征，对那些一般化、不能表现自我个性的商品，他们一般都不屑一顾。

3. 容易冲动，注重情感。由于人生阅历并不丰富，青年人对事物的分析判断能力还没有完全成熟，他们的思想感情、兴趣爱好、个性特征还不完全稳定，因此在处理事情时，往往容易感情用事，甚至产生冲动行为。他们的这种心理特征表现在消费行为上，就是容易产生冲动性购买，在选择商品时，感情因素占了主导地位，往往以能否满足自己的情感愿望来决定对商品的好恶，只要自己喜欢的东西，一定会想方设法，迅速做出购买决策。

一般来说，青年人比较开通，比较开放，易于接受新生事物。他们好奇心强，兴趣广泛。这些对于推销人员来说都是极有利的，因为你可以抓住他的好奇心，动员其投资，也可以使他们佩服你，抓住时机，与他们交朋友。

由于青年人的抗拒心理很少，只是因为缺少阅历在与人交流时有些紧张，只要销售人员对他们热心一些，多表现自己的专业知识，让他们多了解一些这方面的问题，他们就会放松下来，与你交谈了。

对待青年人，在进行推销说明时，要激发他们的购买欲望，使他们知道这商品很流行，正符合时代潮流。

和青年客户交谈时，要亲切，对自己的商品有信心，与他们打成一片。要尽量为他们想办法解决各种困难，不要增加他们心理上的负担。

二、中年人消费心理

1. 购买的理智性胜于冲动性。随着年龄的增长，青年时的冲动情绪渐渐趋于平稳，理智逐渐支配行动。中年人的这一心理特征表现在购买决策心理和行动中，使得他们在选购商品时，很少受商品的外观因素影响，而比较注重商品的内在质量和性能，往往经过分析、比较以后，才做出购买决定，尽量使自己的购买行为合理、正确、可行，很少有冲动、随意购买的行为。

2. 购买的计划性多于盲目性。中年人虽然掌握着家庭中大部分收入和积蓄，但由于他们上要赡养父母，下要养育子女，肩上的担子非常沉重。他们中的多数人懂得量入为出的消费原则，开支很少有像青年人那样随随便便、无牵无挂、盲目购买。因此，中年人在购买商品前常常对商品的品牌、价位、性能要求乃至购买的时间、地点都要妥善安排，做到心中有数，对不需要和不合适的商品他们绝不购买，很少有计划外开支和即兴购买。

3. 购买求实用，节俭心理较强。中年人不再像青年人那样追求时尚，生活的重担、经济收入的压力使他们越来越实际，买一款实实在在的商品成为多数中年人的购买决策心理和行为。因此，中年人更多地是关注商品的结构是否合理，使用是否方便，是否经济耐用、省时省力，能够切实减轻家务负担。当然，中年人也会被新产品所吸引，但他们更多地是关心新产品是否比同类旧产品更具实用性。商品的实际效用、合适的价格与较好的外观的统一，是引起中年消费者购买的动因。

4. 购买有主见，不受外界影响。由于中年人的购买行为具有理智性和计划性的心理特征，使得他们做事大多很有主见。他们经验丰富，对商品的鉴别能力很强，大多愿意挑选自己所喜欢的商品，对于营业员的推荐与介绍有一定的判断和分析能力，对于广告一类的宣传也有很强的评判能力，受广告这类宣传手段的影响较小。

5. 购买随俗求稳，注重商品的便利。中年人不像青年人那样完全根据个人爱好进行购买，不再追求丰富多彩的个人生活用品，需求逐渐稳定。他们更关注别人对该商品的看法，宁可压抑个人爱好而表现得随俗，喜欢买一款大众化的、易于被接受的商品，尽量不使人感到自己花样翻新和不够稳重。

相对青年人，中年客户一般都有了家庭，有了孩子，也有了固定的职业，他们要尽量地为自己的家庭拼搏，为自己的孩子挣钱，为了整个家庭的幸福投资。

他们都有一定的阅历，比青年人沉着、冷静，比青年人经验丰富、有主见，但缺乏青年人的生机和梦想。

中年客户各方面的能力都比较强，正是一个人能力达到顶峰的时候，对这类客户进行欺骗和蒙蔽是很困难的，不过只要销售人员真诚地对待他们，交朋友也是不难的。他们喜欢交朋友，特别是知己。

对待这样的客户不要夸夸其谈，不要显示自己的专业能力，而要认真地、亲切地与他们交谈，对于他们的家庭说一些羡慕的话，对于他们的事业、工作能力说一些佩服的话，只要说得实实在在，这些客户一般都乐于听你讲话，也愿与你亲近。

这类客户有主见，能力又强，不怕推销人员欺骗他们，所以只要推销的商品质量好，销售人员的态度又很真诚，要和他们达成交易并不是一件太难的事。

中年客户，对于销售人员的言辞不会太在意，他们要求实实在在，因此你不需要用什么计谋。不过这些客户都爱面子，所以销售人员可抓住他们这一点进行推销，可以引诱他们说出某些话，然后让他收不回去，这样交易就成功了。

三、老年人的消费心理

1．习惯性购买心理强。老年人积累了多年的购买经验，对某商品印象深刻，形成了反复购买使用的习惯，且不易改变。老年人以留恋过去的生活方式，对消费有一定的怀旧心理，对老商标和老企业比较偏爱。老年人一般对市场上的新商品趋于保守，他们习惯于购买过去曾经使用过、认为不错的商品，习惯去老商店买东西。在购买时总是不假思索地按照习惯行事，很难被营业员所诱导。

2．注重产品的质量和功能。进入老年的消费者不像年轻人那样富于幻想以情感为主，而是非常理智和成熟。老年消费者把商品的实用性作为购买商品的第一目的。他们强调质量可靠、方便实用、经济合理、舒适安全。至于商品的品牌、款式、颜色、包装是放在第二位考虑的。而中国现阶段的老年消费者经历过较长一段时间并不富裕的生活，价格便宜对于他们选择商品有一定的吸引力。但随着人们生活水平的改善，收入水平的提高，老年消费者在购买商品时也不是一味地追求低价格，品质和实用性才是他们考虑的主要因素。

3. 老年人消费理性强。对商品的经济实惠，使用方便、安全可靠及使用舒适十分看重。老年人听力、视力、平衡力、反映的敏捷性、智力、体力等都下降了，这些生理变化时期消费心理也发生了变化。他们一般不愿意购买复杂的产品，也不注重产品的漂亮和时尚，而更看重质量和价格因素，很少冲动性购买。

4. 要求服务周到方便。老年人行动不便，心理也脆弱，因而要求购买时能获得良好的协助和照顾。如他们希望购买场所交通方便、商品标价和说明清晰明了，服务热情、周到、耐心。老年人挑选商品和询问有关商品的信息往往比较仔细、甚至啰唆，要求销售员要耐心地等候和解答。

总之，随着社会的发展和生活方式的逐步改变，具有新的消费观念和生活方式的老年消费群体正在形成和发展。

男女有别，了解不同性别客户的购买心理

男性和女性的消费心理差异很大，销售人员必须在了解两者心理特征的基础上，对他们进行不同方式的推销。

一、男性客户的消费特点

1. 比较自信、决策迅速。男性善于控制自己的情绪，处理问题时能够冷静地权衡各种利弊，从大局着想。具有较强的独立性和自尊心的特点直接影响他们在购买过程中的心理活动。因此，他们的动机形成果断迅速，并能立即导致购买行为，即使是处在比较复杂的情况下，也能够果断处理，

迅速做出决策。

2. 动机不强，时常被动行事。就普遍意义讲，男性客户购买活动远远不如女性频繁，购买动机也不如女性强烈，比较被动。在许多情况下，购买动机的形成往往是由于外界因素的作用，如家里人的嘱咐，同事、朋友的委托，工作的需要等，动机的主动性、灵活性都比较差。

3. 理智多于感情。男性客户在购买活动中心境变化不如女性强烈，不喜欢联想、幻想，感情色彩比较淡薄。所以，当动机形成后，稳定性较好，其购买行为也比较有规律。男性客户在购买某些商品上与女性的明显区别就是决策过程不易受感情支配，如购买汽车，男性主要考虑商品的性能、质量、品牌、使用效果、价值和保修期限。如果上述条件符合他的要求，就会做出购买决策。另外，男性客户认为男性的特征是粗犷有力，因此，推销人员在面对男性客户时，要抓住他们对具有明显男性特征的商品感兴趣的心理特征，选择如烟、酒、个人装饰品等男性标志商品进行介绍，以便顺利打开局面，与他们成为朋友，为日后的产品介绍推广奠定基础。

4. 看重简单、实用。男性客户多注重商品的质量和实用性。男性客户购买商品多为理性购买，以能否满足自己的需要为主，不太看重产品的外形是否花哨，追求简单明快的风格。注重商品的使用效果及整体质量，而不太关注产品细节。

5. 注重产品档次。男性客户多具有强烈的自尊心和好胜心，购物时十分注重产品的档次和品位，而不关心价值问题。因为男性客户本身所具有的攻击性和成就欲较强，所以男性客户购物时喜欢选购高档气派的产品，而且不愿讨价还价，忌讳别人说自己小气或所购的产品“不上档次”。根据男性客户普遍具有的这一心理特征，在向他们介绍商品时，销售人员要特别强调商品的档次价值。

二、女性客户的消费特点

1. 追求时尚。俗话说“爱美之心，人皆有之”，对于女性消费者来说，就更是如此。不论是青年女子，还是中老年女性，她们都愿意将自己打扮得美丽一些，充分展现自己的女性魅力。尽管不同年龄层次的女性具有不同的消费心理，但是她们在购买某种商品时，首先想到的就是这种商品能否展现自己的美，能否增加自己的形象美，使自己显得更加年轻和富有魅力。例如，她们往往喜欢造型别致新颖、包装华丽、气味芬芳的商品。

2. 具有浓厚的感情色彩。女性心理特征之一是感情丰富、细腻，心境变化剧烈，富于幻想、联想，因此购买动机带有强烈的感情色彩。如看到某种产品能够使儿童聪明活泼，马上会联想到自己的孩子要是这样会是多么可爱，从而引起积极的心理活动，产生喜欢、偏爱等感情，激发购买动机。

3. 购买动机易受外界因素影响，波动性较大。女性购买动机的起伏波动较大。这是因为女性心理活动易受各种外界因素的影响，如商品广告宣传、购买现场的状况、营业员的服务、其他消费者的意见等。例如，许多商店为了招徕客户，用耀目大字标明“减价商品”“促销商品”“出口转内销”等，这些往往对女性具有特别大的吸引力。

4. 喜欢炫耀，自尊心强。对于许多女性消费者来说，之所以购买商品，除了满足基本需要之外，还有可能是为了显示自己的社会地位，向别人炫耀自己的与众不同。在这种心理的驱使下，她们会追求高档产品，而不注重商品的实用性，只要能显示自己的身份和地位，她们就会乐意购买。比如，一位年轻的姑娘非常崇拜香港影星张曼玉，她对她的崇拜已达到了一种痴迷的程度。在一个偶然的机会里她看到了由张曼玉出演的力士香皂广告，于是她便一次从商店里购买了几十块力士香皂。此外，像一些港台大腕明星的发型、服饰也都是许多年轻人争相效仿的对象。作为营业员，在我们推销的一些产品中，也可以利用这种购物心理。但一定要记住向买主提出这些东西是时下人们所崇拜的明星爱用的。只有这样，买主的自尊心才会膨胀，并希望去效仿他们。同理，你也会收到满意的效果。

可见，男性与女性在购买心理和购买行为上存在着极大的差异，所以应该对不同性别的客户采取不同的推销策略，展现不同的推销口才，这样才能提高销售工作的针对性与成功率，千万不要小瞧这种细微性的差别。

发现需求，满足需求，就是成交

成交是发现需求，满足需求的过程。对于销售人员来讲，只有先洞察、挖掘客户的心理需求，才能根据客户的实际情况，推广销售相应的产品，从而在满足客户需求的同时实现产品的价值。

一家超市的经理正在给店员开会，他说："如果明白生意的本质，做生意就成为颇为有趣的事情了。生意的本质就是找到客人所需要的东西，然后让客人知道，他们可以用你所给的东西来满足他的需要。"

大家凝神聆听，其中一位女店员站起来，问道："经理，客人需要的是什么呢？"

"客人的需要有三件：第一件是他们想要得到些东西；第二件是他们想要做些事情；第三件是他们想要节省，想要减轻什么。"经理加强语气继续说："他们想要得到的是健康、金钱、名声、漂亮的外表、舒服、快乐，以及其他有形的许多东西；他们想要做的是表现自己，满足好奇心，满足虚荣心，想成为一位成功者；他们想要节省的是时间、金钱、劳力，想要减轻的是不愉快、不安、危险、烦恼等。你们知道了这些最基本的人类需要，知道了生意是利人利己的事，那么，做生意就会变得其乐无穷。”这位经理停了一会儿，又问道：“你们知不知道推销商品的最好秘诀是什么？”

“是不是对客人亲切呢？”一位女店员羞怯地回答。

“亲切是相当重要的，但我认为最好的秘诀是对待客人时，使客人从最初就知道，你能够给予他什么，并能为他做些什么，他从你的手里得到东西时，能有如获至宝的感觉，这样你的推销就算成功了！”

由此可见，研究客户需要，满足客户需要是销售活动的核心。客户自身的需求是一切购买行为的源头，无论是简单的个人消费还是复杂的商业采购，需求是一切销售成交的开端。

一切影响客户购买的因素、一切成交过程中的方法和技巧，都是由客户需求生发出来的。当需求足够强烈的时候，其他一切因素都是居于次位的。如果你想顺利成交，关键在于你是否善于发现和挖掘客户的需求，然后沿着所发现的问题去分析问题，提出解决问题的方案。在这个过程中，客户的需求和客户的问题是中心，产品只是满足客户的需求、解决客户问题的一种工具而已。所以说，成交就是一个主动满足客户需求，帮客户克服困难、解决问题、排除障碍的过程。

有三家水果店开在同一条街上。有一天，有位老太太来到第一家店里，问：“有李子卖吗？”伙计马上招呼：“老太太，买李子啊？您看我这李子又大又甜，很新鲜呢！”没想到老太太一听，竟扭头走了。

老太太接着来到第二家水果店，同样问：“有李子卖吗？”店里的伙计马上应道：“有，老太太，您是想买酸的还是想买甜的？”老太太说：“我想买一斤酸的。”于是，老太太买了一斤酸李子就走了。

第二天，老太太来到第三家水果店，同样问："有李子卖吗？"店里的伙计马上迎上前去说："我这里的李子有酸的也有甜的，您是想买酸的还是想买甜的？"

"给我称一斤酸的。"老太太说。在称的时候，伙计与老太太聊天，"一般人都爱吃甜的，可您老为什么要买酸的呢？"

"哦，最近我儿媳妇怀上孩子了，特别想吃酸的。"

"哎呀！那要特别恭喜您老人家快要抱孙子了！有您这样会照顾人的婆婆，可真是您儿媳妇天大的福气啊！"

"哪里哪里，怀孕期间当然要吃好点啊！"

"是啊，怀孕期间的营养是非常关键的，不仅要多补充些高蛋白的食物，听说多吃些富含维生素的猕猴桃，生下的宝宝会更聪明！"

"那你这里有猕猴桃卖吗？"

"有啊，您看我这进口的猕猴桃个大汁多，含维生素多，您要不先买一斤回去给您儿媳妇尝尝？"就这样老太太不仅买了一斤李子，还买了一斤进口的猕猴桃，而且还表示要经常光顾这家水果店。

从上述案例中可以看出，第一位伙计的表现不合格，他根本不了解顾客需要什么；第二位伙计是一个合格的销售员，他懂得通过简单的提问了解并满足顾客的一般需求；第三位伙计是一个优秀的销售员，他不仅能满足顾客的一般需求，而且还挖掘了顾客的潜在需求。

需求是可以发现的，也是可以挖掘创造的。创造需求，不是无中生有，更不是生拉硬扯，而是一种更高层次的消费心理满足。要实现这个层次的目标，就要切实站在客户角度，想客户所想，激发客户的潜在需求。

一年情人节的前几天，一位推销员去客户家推销化妆品，这位推销员当时并没有意识到再过两天就是情人节了。男主人出来接待他，推销员劝男主人给夫人买套化妆品，他似乎对此挺感兴趣，但就是不说买，也不说不买。

推销员鼓动了好几次，那人才说：“我太太不在家”。

这可是一个不太妙的信号，再说下去可能就要失败了。忽然推销员无意中看见不远处街道拐角的鲜花店，门口有一招牌上写着：“送给情人的礼物——红玫瑰”。这位推销员灵机一动，说道：“先生，情人节马上就要到了，不知您是否已经给您太太买了礼物。我想，如果您送一套化妆品给您太太，她一定会非常高兴。”这位先生眼睛一亮。推销员抓住时机又说：“每位先生都希望自己的太太是最漂亮的，我想您也不例外。”

于是，一套很贵的化妆品就推销出去了。后来这位推销员如法炮制，成功地推销出数套化妆品。

需求产生行为，但并非所有的需求都会被人们意识到，只有当人的匮乏感达到某种迫切程度时，需求才会被激发，才会促使人有所行动。因此，有很多需求潜伏在消费者心底，需要被销售人员唤醒和激发。有资料证明，在消费者的整个需求中，潜在需求占70% ~ 80%左右，因此，帮助顾客挖掘潜在需求，也是销售员的任务之一。难怪有人说销售就是要创造需求，但值得注意的是，创造需求不是脱离实际，而是要发掘和唤醒顾客的潜在需求，把潜在需求转化为现实需求。

从众心理：随大流，是所有人的通病

“从众”是一种比较普遍的社会心理和行为现象，也就是人们常说的

“随大流”。大家都这么认为，我也这么认为；大家都这么做，我也跟着这么做。生活中，人们在挑选商品的时候也有这样的从众心理。

日常生活中，常常会有这样一种现象，不论是买东西还是吃饭，人们总是喜欢往人多的地方去。如果商场入口处排起了一条很长的队伍，来商场的人或经过的人就很容易加入到队伍中。因为人们看到此类场景，往往会马上生出一个念头：这么多人排队等着买什么呢？我也要去看看，否则错失机会太可惜了。于是排队的人越来越多，购买商品的人也越来越多。这就是利用客户随波逐流的心理来营造销售氛围的技巧，因为购物者总要比销售人员更可信。销售人员在销售过程中，可以巧妙地利用客户的这种从众心理来营造营销氛围，影响人群中的一部分人接受产品，从而达到让整个人群都接受产品的目的。

一位女士打算去商场买衣服，经过商场门前的广场时，发现一群妇女围着一个人在抢什么东西。这位女士开始并不在意，等她走近一看，原来有一小商贩正在叫卖女性夏天穿的丝袜，十元钱三双，小商贩说是因厂家出口超过订单的部分要赶快变成现金冲抵成本才如此廉价的。不买的话，“错过这一村就没有这一店”。这位女士原计划是去买衣服的，结果看见好多女性蜂拥抢购，结果也忍不住自己的从众心理去买了一大堆丝袜回家。

上例中的这位女士从不想买到想买的过程，就是典型的购买行为中的从众心理使然。从心理学的角度来说，顾客之间相互的影响力要远远大于推销人员的说服力。相对于总是想方设法掏光自己口袋的销售人员来说，身边的人更值得自己信赖。为此，销售人员可以利用客户的“从众心理”，来激发客户迅速做出购买决定。比如有些销售人员经常会对客户说：“很多人都用这款产品，反映还不错。”“这个小区里有我们不少客户。”这样的言辞就巧妙地利用了客户的从众心理，让客户在心理上得到了一种依靠和安全保障，从而愿意购买产品。

我们看看下面这个事例：

销售员小张：是刘总啊，您好，您好！

客户：啊，我上回看中的那辆奥迪，还没有谁付下订金吧？

销售员小张：哦，那辆车，客户来了都要看上几眼，好车嘛。但一般人哪买得起，这不，它还等着刘总您呢。

客户：我确实中意这辆车，你看价格上能否再优惠些，或者我是否有必要换一辆价位低一点的？

销售员小张：价格是高了一点，但物有所值，它确实不同一般，刘总您可是做大生意的人，配得上！开上它，多做成两笔生意，不就成了嘛。

客户：你们做销售的呀，嘴上都跟抹了蜜似的。

销售员小张：刘总，您可是把我们夸得太离谱了呀。哦，对了，刘总，××贸易公司的林总裁您认识吗？半年前他也在这儿买了一辆跟您一模一样的车，真是英雄所见略同呀。

客户：哦，林总，谁人不知啊，只是我这样的小辈还无缘和他打上交道。他买的真是这种车？

销售员小张：是真的。林总挑的是黑色的，刘总您看要哪种颜色的？

客户：就上回那辆红色的吧，看上去很有活力，我下午去提车。

上例中的销售员小张就是抓住了刘总的从众心理，于是他们轻松地就做成了一笔买卖。

一般来说，当人们拿不定主意的时候，都相信随大流是绝对不会错的，所以人们就有了一种从众心理。作为销售员，就要好好地利用客户的这种从众心理，当你在向客户推销你的产品的时候，你首先告诉他，有多少人买过你的产品，那么这对客户的影响将会是很大的。

从众心理对人们心理的一种引导作用。销售员可以充分地利用客户的这种心理，并用实际的产品质量来吸引客户前来购买，而不是一味地追求热闹的氛围，因为即使因此而一时红火，但是如果你的产品质量确实有问题的话，最终还是会失去客户的信任。所以虽然从众心理可以吸引客户，但是最终能够永远赢得客户的还是优质的产品质量和周到的服务。

满足客户喜欢被重视的心理

哈佛大学著名心理学家威廉·詹姆士曾经说过：“人类本质中最热切的需求，是渴望得到他人的尊重和肯定。”这是每个人都有的心理需求，不管是在生活中还是工作中，人们都希望受到重视，希望能够突现自身的地位和价值。因此，感觉到他人的重要性，往往会给对方以心理的满足，使他们产生愉悦感，这样彼此交流起来更加容易。

在人们购买商品的时候，同样体现了这种心理。特别是在生存性消费需要得到满足之后，客户更加希望能够通过自己的消费得到社会的承认和重视。因此这种心理需求正好给销售员推销自己的商品带来了一个很好的突破口，销售员可以通过刺激客户的自重感来俘获客户。

渴望获得重视的心理包含两个方面，一方面是希望得到别人的认可和赞美，使自己获得优越感；另一方面是不愿意被人小看和轻视，从而尽量使自己与众不同，以吸引别人注意。销售员可以利用客户这一心理，巧妙地促使客户购买自己的产品。

一天，一位女孩逛百货商场，想为自己选购一套化妆品，当她走向A专柜时，销售员看见她就滔滔不绝地向她介绍自己家的产品是多么多么好，非常适合女孩的皮肤，女孩如果不买就等于错过了最适合自己的化妆品等等，这些话并没有使她对此化妆品产生兴趣，相反，还心生反感，她很快离开了A专柜。

当她走到B专柜时，B专柜的销售人员热情地跟她打招呼，并没有直接介绍产品，而是非常真诚地微笑着说了一些赞美她的话："您的衣服真漂亮，您穿这身衣服显得非常有气质！""您的头花是从哪儿买的？挺别致的。"之后简单地介绍了一下专柜的护肤品，并专门针对女孩的皮肤特点，为她挑选了一款最适合她皮肤的产品，还请她试用。结果女孩买了这家专柜的化妆品。

为什么会出现这种结果呢？原因便在于A专柜的销售员没有从内心深处对客户引起足够的重视，而B专柜的销售员却能够以顾客为主体，真诚地去迎合客户，赞美客户，给顾客一种很重要的感觉，使顾客觉得自己被重视，在心理上得到一种满足感，从而更加认同B专柜的销售员，自然就想买B专柜的产品了。

事实表明，当销售员表现出对客户极大的关注时，就可以拉近与客户之间的距离，从而打破对方的心理防线，那么产品成交的可能性就会大大提高。

对于销售员来说，打动客户心灵的最好方法，就是巧妙地表现出你对他们的重视。著名哲学家约翰·杜威说过："人类天性里有一种最深刻的冲动，就是希望具有重要性。"客户当然也不例外。当客户光临你的商店来购买商品，销售员态度冷漠，不理不睬，客户肯定会生气地离开，而且赌气以后再也不来买东西；当你到客户家里推销商品，却对客户表现得不够尊重，客户稍微挑剔一点，销售员就厌烦，甚至和客户争论或者发脾气，那么这样的销售员也一定会被客户轰出门。销售行业奉行的宗旨是“客户是上帝”，作为一种服务行业，销售员应该以友好的态度，努力为客户提供优质的服务，让客户体验到“上帝”的感觉。如果销售员总是想把客户踩在脚下，使劲儿地剥削他们的钱财，这样必然会失去所有的客户，最终走向失败。

小王和小李两个人一同出去推销自己公司的同一种产品，他们先后都到过赵经理那里去推销。小王先去的，他进门之后就开始滔滔不绝地向赵经理介绍自己的产品多么多么的好、如何如何适合他，他不购买就等于吃亏等。这样的话不仅没有引起赵经理的兴趣，反而让他很反感，于是他很不友好地让人把小王请出了办公室。

等到小李又来的时候，赵经理知道他们推销的是同一种产品，本来不愿意听下去。但小李进来后却没有直接介绍自己的产品，而是很有礼貌地先说抱歉、打扰，然后又感谢赵经理百忙之中会见自己，还说了一些赞美和恭维的话，而对自己的产品只是简单地介绍了一下。可是赵经理仍旧是一副很冷淡的样子，小李虽然心里多少有些失落，但他还是很诚恳地对赵经理说：

“谢谢赵经理，虽然我知道我们的产品是绝对适合您的，可惜我能力太差，无法说服您，我想我应该告辞了。不过，在告辞之前，想请赵经理指出我的不足，以便让我有一个改进的机会好吗？谢谢您了！”

这时，赵经理的态度突然变得很友好，很和善。他站起来拍拍小李的肩膀笑着说：“你不要急着走，哈哈，我已经决定要买你的产品了。”

为什么小王前来推销会被轰出去，而小李却能够成交，这就是一个满足客户心理需求的问题。小王只是滔滔不绝地介绍自己的产品，而忽略了对客户起码的尊重和感谢，而小李却始终对赵经理很恭敬很有礼貌，特别是自己最后临走时，还请求客户指教，这让赵经理感受到了足够的重视，从而从情感上对小李也表示了认同，自然也就促成了这笔交易。

渴求别人的重视，是人类的一种本能和欲望。给客户以重要的感觉，是获得客户信赖的首要途径。与客户进行谈判的时候，如果你总是自己在滔滔不绝地说，总是把自己的感觉和想法强加给客户，无论你说得如何好，客户最后还是会断然拒绝。为什么呢？因为你不重视自己的客户，没有去聆听客户的意见，没有去了解客户的想法。虽然在销售中，销售员的解说是必要的程序，但是学会聆听往往比说个不停更容易获得客户的心。有位优秀的销售员说过这样一句话："有人说世界上最伟大的恭维，就是问对方在想什么，然后注意倾听他的回答。"对谈话对象的倾诉保持专注的态度是十分重要的。这么做比说任何恭维的话更能发挥作用。无论是批评还是抱怨都会在充满耐心与同情的聆听者面前逐渐平静，这不仅体现了销售员的修养，也表现出自己对客户的尊重和重视，使客户获得自重感和归属感，进而得到客户的信任和支持。

请记住这样一句话：客户真正需要的是你对他的重视。只有满足客户喜欢被重视的心理需求，才能让客户痛痛快快地掏腰包！

顾客不是买便宜而是要占便宜

在销售领域流传着一句话：客户要的不是便宜，而是要感到占了便宜。客户感觉自己占了便宜，你的产品也就容易推销出去了。

在日常生活中经常会遇到这样的现象：每到节假日或特殊的日子，商场、超市等各大卖场都会不约而同地打出打折促销的旗号，以吸引更多的客户前来消费，而折扣越低的店面前面，人也就越多。很多人明明知道这是商家的一种促销手段，但依然争先恐后雀跃前往，以求买到比平时便宜的商品，这是为什么——爱占便宜！

爱占便宜是人们比较常见的一种心理倾向。一般来说，人们在认为得到了便宜后就会有一种心理上的满足，随之心情愉悦。同样，客户会因为用比以往便宜很多的价钱购买到同样的产品而感到开心和畅快。销售人员最应该懂得客户的这一心理，巧妙地为自己赢来订单。

一位顾客在逛超市时发现一个让他百思不得其解的现象，某知名品牌正在促销洗衣粉，然而一袋500克洗衣粉的价格是7.9元，而两袋的价格却是17元。也就说，顾客一次买两袋还没有买一袋划算。他以为自己是看错了，就叫来销售人员询问，销售员明确无误地告诉他，这是上面统一下来的价格，是不会出错的，全国都一样。

通过和其他品牌洗衣粉价格进行比较，这位顾客判定，一袋的价格是标错了，价格肯定是大于8.5元的，他立即决定买了一袋回家。他相信，用不了多久，单袋的价格就会调整。

回到家后他将自己在超市看到的奇怪现象告诉了左邻右舍，大家都纷纷前来超市观看，也一致认同这位顾客的判断：单袋的价格肯定会提高，要不那两袋捆绑在一起的怎么能是促销呢？他们在离开超市时都各自买了一袋洗衣粉回家，有的人甚至买了几袋。

过了一周，价格依然没被改正过来。最早发现这个现象的那位顾客开始怀疑自己当初的判断：作为全国知名品牌，肯定是有着严格的价格管理制度的，这么长时间过去了，还没调整过来，那只能说明自己的判断是有问题的，也许这个价格的背后隐藏有其他阴谋。

他花了一天的时间来观察这个洗衣粉的销售，前来购买的人络绎不绝，大家都认为这是标错的价格，现在购买一袋是占了便宜的。这下让他彻底明白：原来企业就是要让顾客来产生占便宜心理，最终能使销售量得到增长。看来真是买的没有卖的精。

上例中超市洗衣粉的促销方法就是利用了人们的爱占便宜的心理。其实占便宜只是顾客想获得一种胜利的满足感，感觉自己在这次交易中是受益的一方，是胜利的一方。营销过程中，你如何让顾客觉得，他赢了，他胜利了！他购买得超值。这样，顾客就会经常喜欢到你这里来“占便宜”。你就不需要去愁回头客了。

顾客问店主：“老板，这衣服多少钱？”

店主回答说：“300元。”

顾客说顾客：“这价格太高了，给个实价吧！”

店主说：“诚心买的话，就拿260元吧！这衣服之前一直卖580元的。”

顾客说：“这衣服不值260元。150元，怎么样？能卖我就拿走。”

店主回答说：“不行，150元还不够成本呢，我不可能赔钱卖。这样吧，220元，真的不能再少了。”

顾客说：“赔？肯定不会赔钱，只是少赚一点罢了。这样吧！我再给您加10元，160元，如果不行，我真的走了。”

店主说：“真的不够本钱，看看我们的进价表，进价时就190元呢，加上店面租金、人员成本，要您220元并不算高。如果您觉得不合适，就只能看看别的衣服了。”

顾客看了看进价表，对老板说：“您进价190元，我给您200元，少赚点，下次我还来这里买衣服。”

店主说：“200元我也赔钱呢，再给我加10元，衣服您带走。”

顾客说：“就200元了，不加了，我觉得这样已经给高了。”

店主说：“行吧！200元就200元！您可真会砍价，这款衣服卖这么多，没有低于260元的，您200元就拿走了。唉，我赔本买个回头客，以后多照顾我的生意就行了。”

顾客说：“行，没问题，我以后常来。”

销售员在推销自己产品的时候，也可以利用客户的占便宜的心理，使用价格的悬殊对比来促进销售。其实在很多世界顶尖的销售员的成功法则中，利用价格的悬殊对比来俘获客户的心是常用的一种方法。他们先是在客户的心里设置一个较高的价位，或者在对方心里设置一个价格悬念，然后再以一个比原来低得多的价格作对比，让客户通过心里比较，觉得很实惠，觉得自己得到了一个大便宜，于是就很容易决定购买你的产品。

毋庸置疑，利用价格的悬殊差距可以起到相当好的销售效果，但多少有欺骗客户的感觉。因此，运用价格悬殊对比销售时，一定要掌握分寸，力争做到既要满足客户的心理，又要确保让客户实实在在地得到实惠，这样才能与客户保持长久的互惠互利关系。

见微知著，识别客户的购买信号

销售的最后一个步骤叫作成交收单。即你要成交收到钱，也就是说，客户要签单，产品给他，然后拿到钱。那么，什么时候是成交的最佳时期？

其实，任何一个人都不能教你什么时候是成交的最佳时期，每个人经历的情况不同——会因为“你在哪里成交”“你的产品及服务”“你说明的方式”而会有所不同。但是，我们可以通过何识别客户的购买信号，帮助自己尽快地促成交易。

所谓购买信号，是指客户在洽谈过程中所表现出来的各种成交意向。有利的成交机会，往往是稍纵即逝，虽然短暂，但并非无迹可寻。客户有了购买欲望时往往会发出一些购买信号，有时这种信号是下意识地发出的，客户自己也许并没有强烈地感觉到或不愿意承认自己已经被你说服，但他的语言或行为会告诉你可以和他做买卖了。对于销售人员来说，准确地把握时机是相当重要的。客户没有发出购买信号就说明你的工作还没有做到家，还应该进一步刺激而不宜过早地提出成交。

某配件生产公司研发出了一种新型的配件，较过去的产品有很多性能上的优势，价格也不算高。销售人员隋凯十分勤奋，沟通能力也非常不错。公司让隋凯立刻联系了几个老客户，他们都产生了浓厚的兴趣。

其中，有一家企业的采购部主任表现得非常热情，反复向隋凯咨询有关的情况。隋凯详细、耐心地解答，客户频频点头。双方聊了两个多小时，十分愉快，但隋凯并没有向客户索要订单。他想，客户对产品的了解尚不透彻，应该多接触几次再下单。

几天后，他再次和客户联系，补充了上次遗漏的一些优点，客户非常高兴，就价格问题和他仔细商谈了一番，并表示一定会购买。此后，客户多次与隋凯联络，显得很有诚意。

为了进一步巩固客户的好感，隋凯一次又一次地与客户接触，并逐步与客户的主要负责人建立起了良好的关系。他想："这笔单子肯定是十拿九稳了。"

然而，半个月过去了，客户的热情却莫名其妙地慢慢降低了。再后来，客户还发现了他们产品中的几个小问题。如此拖了近一个月后，这笔就要到手的单子就这样废了。

上例中的隋凯为什么失败？其主要原因就在于他没有把握好成交的时机。如果他在客户第一次对产品表现出兴趣的时候，就要求下单，会怎么样呢？虽然不能保证有百分百的成功率，但是至少机会是非常大的。

很多销售人员之所以得不到订单，并不是他们不努力，而是因为他们不懂得捕捉和识别客户的成交信号的方法。他们对自己的介绍缺乏信心，总希望能给客户留下一个更完美的印象，结果反而失去了成交的大好时机。

要识别"购买信号"，你必须要能把精力集中在客户身上。除非你已经对自己的产品和工艺非常熟悉，否则会发现自己老是在注意自己该说些什么，而不是在听客户说些什么。

简单地说，购买信号就是用身体与声音表现满意的形式。这也就是说客户所说和所做的一切都在告诉你，他（她）已做出了愿意购买的决定。在大多数情况下，购买信号的出现是较为突然的，有的时候，客户甚至可能会用某种购买信号打断你的讲话，因此，你需要保持警觉性。

我们先来谈谈：当人们对于投资你的产品感到兴奋，同意接受你的东西时，在视觉上会出现哪些讯号？

你会发现一件事，那就是当你坐下来做说明的时候，人们往往是背靠着椅子，请注意他们的肢体语言。

第一点，身体前倾。如果客户前倾的时候将手肘放在桌上，那就是一个好的正面视觉讯号。

第二点，客户专注于视觉辅助资料，如图表、数据、图案。

第三点是放松，你可以发现他们一开始谈的时候，有些拘谨，但是到了后头就放松下来了，那就是购买的视觉讯号。

第四点，客户再一次要求你给他们看某一样东西。如果他们说："你能让我们再看一下表格吗？"或"数据能不能再让我们看一遍呢？"要你重复做一件事，那就是很强烈的成交讯号。

第五点，客户在表达爱意。如果你的客户是一对夫妇或情侣，他们会相互表达爱意，但不是向你表达，那又是另当别论了。我们是说他们互相表达。你会发现这一点。每当一对夫妇在销售人员面前互相示好的时候，这是一种在对对方说"我喜欢这个产品""我要拥有""我要买"的方式，务必请留意。在语言上的举动方面，表现在他们会打断你的话、问你一些问题。人们不会轻易问你问题，除非他真的有兴趣。

你还会遇见一些夫妻，在有意购买的时候，却在你去之前，他们会开个会。他们往往会说："什么都不要说，别让他知道你喜欢产品。"他们就把嘴闭起来，当你说明的时候，他们突然感染了情绪，然后你会听到小声的答应"嗯，嗯……"这也是购买的讯号，所以要注意听这种声音。其中一个人想买了，下一个是赞许的意见："看起来真好，亲爱的，你是否很有兴趣呢？"或"也许我们得考虑购买了。"就是这种小意见，只要你听到了，就表示很接近最后成交了。

第六点，客户提出异议。有时，虽然客户有购买意图，但是他们仍然会提出一些反对意见。这些反对意见也是一种信号，说明双方很快就有可能达成协议，促成交易的顺利完成。例如，客户可能还会向你提出："这种产品在社会上真的很流行吗？""这种材料是否经久耐用？"等等，这些反对意见一般来说都不是根本的反对意见，客户一般也不把这些反对意见放在心上。如同做出其他任何一种决定一样，在决定拍板时，客户心里总是犯嘀咕，认为这是决定性的时刻，成败都在此一举，因此客户会有各种各样的顾忌，如费用、购买后果、购买后出现的困难、产品使用方面的困难等等。

以上就客户所表现出来的购买信号，我们要善于获取，利用它做好最后的成交。

第三章

心理吸引：瞬间拉近与客户的距离

你想要成交客户，先让客户喜欢上你

客户如何接受你，这是客户心理的问题；你要让客户接受你，就必须装扮成客户喜欢的样子。

销售的第一步首先要让客户喜欢上你。在第一次与客户接触时，与客户间建立起“信任”或“好感”是至关重要的。所以你一定要具备这种能力，就是让客户喜欢上你。

有一项调查，销售人员被问道：在拜访客户过程中，最让你头痛的是什么？

大部分销售人员的回答都会提到一点：不知道如何快速让客户对自己产生好感。

这一点是最重要也是最难的。因为只有客户对自己产生好感，才能进一步建立信任关系，才能稳步推进双方关系的升级，最终顺利成交。

让客户喜欢上你，产生好感，即有了一个好的开始；而好的开始，是成功的一半。

客户喜欢什么样的人，当然会有共性的东西。我们先一起回忆一下，在生活里，曾经让你产生好感的销售员具备什么样的品质和特点？

我们归了一下类，大概包括以下几点：

热情、主动、自信、守时、真诚、积极、专业、形象好、能力强、亲和力强、性格开朗等等。

那么你就会发现，具有这些品质和特点的销售员都是我们平时很喜欢的销售人员，如果我们站在客户的角度想，客户同样也喜欢我们具有这些品质和特点。明确了这一点之后，我们就一定要拥有吸引客户的品质和特点，让客户喜欢上我们。

客户不喜欢你，可能是因为你不够热情，也可能是因为你不够专业，还可能是因为你不够自信……如果客户不喜欢你，你必须反省了，原因肯定在你身上，不要自我安慰说“我不是神，不能让人人都喜欢我”，如果是这样，你就再也没有让客户喜欢你的机会了。

那么，如何快速让客户喜欢上你，对你产生好感呢？

1. 形象

保持良好的形象。首先，你要去除掉身上所有可能引发客户讨厌的因素，比如，不守时、身上有异味、穿白色袜子、穿过于暴露或者紧身的衣服、头皮屑洒满肩膀、言语粗俗……

2. 专业

销售员必须很了解本行业的专业知识，能够游刃有余地回答客户提出的任何问题，以争取下一次谈判的机会。

3. 耐心

耐心是成交过程中所必须具备的精神状态，否则很容易丢失顾客，丢失此次生意。做任何事情，都要有耐心、韧性，坚持不懈的精神，才有可能成功。在成交过程中要认真地向顾客介绍产品，一个心不在焉的销售人员，很容易让顾客感到反感，也会顾客觉得你很不专业，不买你的产品也罢。

4. 真诚

态度是决定一个人做事能否成功的基本要求，作为一个销售员，必须抱着一颗真诚的心，诚恳的对待客户，对待同事，只有这样，别人才会尊重你，把你当作朋友。

5. 自信

信心是一种力量，首先，要对自己有信心，每天工作开始的时候，都要鼓励自己，我是最优秀的！我是最棒的！信心会使你更有活力。同时，要相信公司，相信公司提供给客户的是最优秀的产品，要相信自己所销售的产品是同类中的最优秀的，相信公司为你提供了能够实现自己价值的机会。当你表现出这些自信后，就会感染客户，让客户对你产生好感，继而产生信任。

6. 热情

热情是具有感染力的一种情感，他能够带动周围的人去关注某些事情，当你很热情地去和客户交流时，你的客户也会“投之以李，报之以桃”。当你在路上行走时，正好碰到你的客户，你伸出手，很热情地与对方寒暄，也许，他很久就没有碰到这么看重他的人了，或许，你的热情就促成一笔新的交易。

7. 礼貌

礼貌是基本素质，但并不是每个销售员都足够礼貌。如果你能愉悦地处理事情，充满活力地工作，礼貌地对待客户，你就会赢得客户的好感，你的业务应该也会迅速增长。

8. 亲和力

真正的成交高手能够与任何人、在任何时候建立亲和力，他们非常容易博取客户对他们的信赖，他们非常容易让客户喜欢他们，接受他们。换句话说，他们会很容易跟客户成为最好的朋友。相反，如果你首先让人望而生畏，让人不想和你交谈，让人对你反感，让人讨厌你，你如何能销售你的产品。所以，我们要学会建立亲和力，就是你和客户之间的沟通，当你的亲和力达到可以吸引对方的时候，你就会发现两个人之间的关系也会拉得很近，并会很快地融入到彼此。

9. 遵守诺言

一些销售员虽然能说善道，但业绩却不佳，他们有一个共同的缺点，就是“不遵守诺言”，昨天答应顾客的事，今天就忘记了。“明天上午10点钟，我去拜访您。”但到了10点钟，销售员却毫无踪影。这种销售员极容易给顾客留下坏印象。结果，顾客一个一个离你而去。销售员最重要的是讲究信用，而获得顾客信任的最有力的武器便是遵守诺言。

10. 快乐

一名优秀的销售员必须学会调整心态，保持良好的心态，才能给客户传递温暖和快乐的体验。养成积极快乐的心态，无论遇到什么困难，都要保持信心与乐观，把每一天的日子，都当作是在天堂中生活一样，忘记烦忧，只留住快乐的记忆。尽管做到这样的境界不容易，但要想成为一名优秀的销售员，保持快乐既是你的收获，同样也是你能力的一部分，任何能力都是可以通过学习获得提升的，快乐也如此。

综上所述，如果你想要成交客户，第一步要做到让你的客户喜欢你，拥有上面所提到的那些品质和特点，并且将其做到做好。

首因效应：保持良好的第一印象

心理学上有一个第一印象效应，说的是人与人第一次交往时给人留下的印象，在对方的脑海中形成并占据着主导地位，这就是著名的“首因效应”。具体来说，如果你在第一次交往中给别人留下了一个好印象，别人就乐于跟你进行第二次交往；相反，如果你在第一次交际中表现不佳或很差，往往很难挽回。

在销售过程中也会遇到这样的情况。有的销售人员推销商品的成功率比较高，而有的销售人员推销商品的成功率就比较低，尽管两者的能力不相上下，商品也都相同，但这一差距始终存在。究其原因，很多情况是后者给准客户的第一印象不好，对方不愿和这样的销售人员打交道，因此造成了他们推销的成功率一直不高。

汤姆·霍普金斯曾说过："顶尖的销售人员在进门的那一瞬间，就可分辨出来。"这就是心理学中所说的"首因效应"。对于销售人员来说，个人的形象是非常重要的，要想推销产品必须先推销自己，只有先把自己成功地推销给客户，客户才会考虑你的产品。

一位老板曾和朋友说起这样一件事：

"有一天，一个人来拜访我。他穿得就像六七十年代电影里的人。他开始做一个好得非同寻常的销售推介，但我老是走神。我看着他的鞋子、他的裤子，然后再把目光扫过他的衬衫和领带。大部分时间里我都在想，如果这位专业销售人员说的都是真的，那他为什么穿得如此落魄呢？

"他告诉我他手中有很多订单，他有许多客户，他们也购买了大量的这种产品。但他的个人外表致命地显示他说的话不是真的。我最后没有购买，因为我对他的陈述没有信心。"

有一句谚语是这样说的：第一印象永远不可能有第二次机会。作为一名合格的销售员，任何时候要尽己所能给客户留下良好的印象，只有在客户接受你的情况下，他才会考虑接受你的商品。

心理学家认为，由于第一印象的形成主要源自性别、年龄、衣着、姿势、面部表情等“外部特征”，所以在一般情况下，一个人的体态、姿势、谈吐、衣着打扮等都在一定程度上反映出这个人的内在素养和其他个性特征，对方会对他进行最基本的判断和评价。因此销售员在初次面见客户的时候，一定要把自己最优秀、最美好的一面展现出来，使自己先得到客户的认可，然后再推销产品。如果客户对你的印象不好，即使你的产品再好，也会把对你的厌恶扩展到商品上。有“爱屋及乌”，也必然有“恨乌及屋”。不要让自己的形象给推销带来不利的影响。

在美国，保险推销大师法兰克·贝格的名字可谓是家喻户晓，而在他的推销过程中，对“首因效应”的重视为他赢来了不菲的收入。

在法兰克刚开始做推销工作时，因为经济拮据，他很少将精力投注于自己的形象问题上，因此打扮上总显得有些“邋遢”：头发长时间不理，领带也不系，衣服搭配非常不协调。也因此，很长时间以来他都没能做出很好的业绩。

一名业绩突出的同事好心劝慰他：“你至少一周去理一次头发，不要让头发长得像个运动员似的；要学会系领带，还要学会搭配衣服。因为这些对你的业务都有很大的影响。”

“但是我根本没有更多的钱去做这些事情！”法兰克辩解着。

“但是如果你不花这些小钱，你就很难挣到大钱。”同事接着说，“你先去理发，将头发理得精神些；再去找一个男装专营店，让专业人士帮你包装一下。你可以直接跟他们说你想穿得体面些。你可以不用买品牌，但是你有限的经济条件足可以让那些专业人士帮你打扮得利落、得体。照我的话去做，你以后的业绩肯定会突飞猛进！”

法兰克对同事的话半信半疑：“口袋里的钱只够几个月的伙食费了，

如果全部用在理发和衣服上，那接下来可能就没有钱吃饭了。”法兰克思索着。但他最后还是被同事的话打动了，他先是来到了一家高级理发厅，让理发师为自己理了个清爽、精神而保守的发型。然后他又来到了一家男装店，请那里的专业人士为自己包装了一番，并且他还虚心地向这里的人学习了如何打领带。最后，当法兰克从男装店出来时，他已经穿上了一套合身的西服，衬衫、袜子、领带等，也一应俱全。

没过多久，法兰克的确如同事所说，赢来了推销工作开始后的一个大订单，这个订单的业绩足够他一整年的伙食费了。

尝到甜头的法兰克又买来了一本着装礼仪方面的书，从中学习到了如何按照季节变化着装，怎么买衣服最划算，如何让自己永远都保持光鲜……以前一套皱巴巴的衣服总是穿得快看不出颜色时，法兰克才去换洗，但现在却是勤洗勤换，哪怕只有两套得体的衣服，他也时常换洗，并且每次都会将洗好的衣服笔挺地挂好，而穿时则总是要先烫一下。

渐渐地，法兰克塑造了自己全新的专业形象，在言行举止方面也分外重视，因此给客户留下了非常好的印象，同时也为他赢得了源源不断的订单，以至于他最终成了世界级的推销大师。

在整个销售过程中，良好的第一印象起到了十分重要的作用。所以，销售人员应该争取给客户留下良好的第一印象，博得客户的好感和认可。假如你能够被客户喜欢，那么你就已经成功了一半。

销售行业有一句经典名言：“首先给人良好的第一印象，胜过后面千百次的努力。”那么，怎样才能给客户良好的第一印象呢？从根本上说，它离不开提高自己的文明程度和修养水平，离不开进行经常的心理锻炼。心理学家提出下面几条建议：

1. 衣着得体

大家都了解第一印象的重要性，而研究发现，50% 以上的第一印象是由你的外表造成的。你的外表是否清爽整齐，是让身边的人决定你是否可信的重要条件，也是别人决定如何对待你的首要条件。

着装打扮的好坏与否，对一个人给别人留下怎样的第一印象是十分重要的。首先，一定要整洁得体。无论见什么人，穿着整洁得体，会给别人留下好的印象。其次，要根据场合选择自己合适的服装。不同场合有不同的服装标准，切忌不分场合胡乱穿衣，会给人留下很差的印象。

2. 言谈举止

销售人员的言谈举止应显得文雅、潇洒、有修养，粗俗的言语和鲁莽的举止，会给准客户留下不好的印象。

3. 表情和态度

与客户接触时，销售人员的态度和表情会给对方很大的影响。销售人员的表情应显得温和、亲切，面带笑容，态度要热情和蔼，这可使对方感到心情舒畅和愉悦，对方无疑会对你产生好印象。倘若销售人员表现麻木、脸色阴沉、态度冷漠，那么你给准客户的印象一定不好，对方会认为你是一个对工作、对客户缺乏热情的人，谁愿意和这样的人做生意呢？

诚实是打动客户心扉的敲门砖

人与人之间的交往贵在诚实，只有诚实相待才能够使彼此长久相处。以心换心，你怎样对待别人，别人就会怎样对待你。在销售活动中，也应该遵循这样的原则。做销售员首先要做一个诚实守信的人。

美国营销专家L·赫克金有一句名言：“要当一名好的销售人员，首先要做一个好人。”他所说的“做一个好人”，是指做一个诚信的人。诚实守信是营销成功之本，也是赢得客户最有效、最永久的方法。

吴涛是某汽车公司的推销员，虽然其貌不扬，工作也不过两年时间，但是他的客户资源以及销售资源以及销售业绩却非常让同事羡慕。作为公司的销售冠军，吴涛到底是怎样赢得客户，赢得业绩的呢？

他的一位忠实客户王先生是这样说的：“我看上了XX型号的车。在选车之际，其他竞争车型列举出了很多关于这部车的缺点，并且劝我购买其他车型。竞争品牌这种相互挑刺儿的行为，在我们看来很正常嘛！但是我来到了吴涛所在的分店，谁知这位销售竟然没有说其他车型的毛病，而是很客观地介绍了车型之间的优势与劣势，并且问我更看重哪一点，把决定权交给了我，面对这样的推销员，我自然选择了他的车。最让我感到亲切的是，提车那天，在过最后一道检查程序的时候，发现新车密封胶条再次开胶现象，于是在吴涛与公司专业的PDI人员协助之下，立即为我换了一辆新车。像这样讲诚信的推销员不多见了，我甘愿做他的忠实客户。”

另外一位给吴涛介绍很多客户的张女士也说：“我购车的时候，吴涛曾经向我承诺，如果我购车，将在提车时赠送我车内的装饰礼包，我觉得很划算，就立即订了车。但是最后因为厂家发货有期限，我去提车的时候，装饰礼包还没有到店。吴涛为了让兑现自己的承诺，竟然自己出钱购买了同样品质的车内装饰，并且为我安装好。像这样负责的销售顾问，我没有理由不信任他。因此，我就将自己的朋友介绍过来，他们对我很感谢，因为他们也体会到了这样好的服务。

不仅这两位客户，只要是与吴涛有过交易往来的客户，他们给予吴涛的评价都很高，也同样很信任他，这也是吴涛业绩好的主要原因。

古人云“巧诈不如拙诚”，意思就是说投机取巧、蒙骗欺诈可能会获得暂时的利益，但是一旦被别人识破，只会带来更深的怀疑。而诚实坦率看起来有点笨拙愚蠢，但是却能够深深地赢得人心。因此对于销售员来说，诚实待人是销售工作中最基本的态度。没有诚意的人是无法获得别人信任的。只有诚实的心才能够换回客户的诚实相待。

据美国纽约销售联谊会统计：70%的人之所以从你那里购买产品，是因为他们喜欢你、信任你和尊敬你。因此，要使交易成功，诚信不但是最好的策略，而且是唯一的策略。

李洋是一位图书销售员，一次他到顾客那里去结一笔已欠四个月的账款。顾客给他3318元的书款。李洋觉得关系好，不好意思当着面数，所以当面没有数。回来后，他清理账款时，发现上午结的那笔款里多了100元钱。当他确认多了100元钱时，马上就打电话给顾客，说：“不好意思，我疏忽大意多收了您100元钱，现在马上给您送过去。”说着他就往客户那里赶。

当时已是晚上10点了，天空下着雨，当他赶到顾客那里时已经是晚上11点多了，顾客在办公室等。见到李洋时顾客说：“李洋，老实说，我比你先发现我多付了你100元钱，但没有给你打电话，我想看看你会怎么做，哪里知道……你是好样的。”

这个顾客自然就成了李洋的忠实顾客。

诚信是做人的根本，也是销售的重要准则。不管是销售一元钱的商品，还是销售一百万元的商品，都要讲求诚信，始终诚实地面对自己的客户。在整个销售过程中，销售员与客户之间是一种十分务实的交流和沟通，销售员不仅是在向客户推销产品，更是在向客户推销自己的人品。销售员诚实与否，直接影响到客户对其产生好恶等不同的心理反应，从而影响着交易的成败。

做生意讲究“诚信买卖，童叟无欺”，诚信是赢得客户好感的最好的方法。那么，销售人员怎样做才算得上是一个诚信的人呢?

最重要的是要敢于讲真话。一个优秀的销售员不会卖弄他的口舌和手腕去欺骗客户，在任何时候，诚信都是最宝贵的品质。所以，销售员必须说一是一，说二是二，来不得半点虚假，这样才能争取对方的信任。虽然销售员可以对产品性能、质量和用途等适当地做一些广告性的宣传，但绝不能失实，不能像街头卖狗皮膏药者那样胡编乱吹，更不能因买方需求迫切而有意抬价，应根据自愿的原则达成协议价格。只有这样，才能在成交后，让人觉得与你进行的交易是安全的和信得过的。

销售，归根到底是赢得和留住客户。任何拔苗助长、急功近利的做法，都只会使客户远离。公司希望广大销售人员能够一如既往地努力学习产品知识，切实提高服务技能，诚信销售，凭借优质的产品和专业的服务赢得忠实、稳固的客户群体，从而为个人事业的长远发展打造更坚实的基础。

笑容照亮所有人，为你带来黄金

微笑是打开人与人之间关系坚冰的最佳手段，又是给你好印象的开始，销售中只要坚持微笑，那么客户肯定会接受你，试想，有谁能拒绝一位向他微笑的人呢？

微笑对销售人员来说是至关重要的。美国一家百货商店的人事经理曾经说过，她宁愿雇佣一个没上完小学但却有愉快笑容的女孩子，也不愿雇佣一个神情忧郁的哲学博士。

微笑，并不仅仅是一种表情的表示，更重要的是与客户感情上的沟通。微笑就等于告诉对方、我是值得您信赖的，我是您的朋友，我是一个心地善良诚实的人、我是一个您值得您相交的人。当你向客户微笑时，要表达的意思是："见到你我很高兴，愿意为您服务。"微笑体现了这种良好的心境。

日本销售大师原一平在三十岁时他创下了全日本第一的推销业绩，此后屡创令人惊异的纪录。与其他同行相比，没人能与之相提并论，造成无人与之竞争的独霸局面。从1949年起，连续17年，其一直是美国百万美元推销员俱乐部的会员，后来，原一平又被选为该俱乐部的终身会员。而原一平是怎样取得这样的成就的呢？这与他个人的销售能力有关，但是有一个因素也是不能忽略的，那就是微笑。原一平的微笑被誉为"价值百万美金的笑容"。

有一次。原一平上门去推销产品，当他叩响一家客户的门时，门内的一位家庭主妇正在生彻夜不归的丈夫的气，当她开门的时候，心里仍在想：肯定又是来上门推销的，如果是的话我立刻把他骂走！正好撒撒心中的恶气！结果才把门打开，一张带着超级迷人微笑的脸就映入了眼帘，她心中的一腔怨气立刻一扫而光，之前想要把推销员骂出门的想法早就抛在脑后，寒暄之后赶紧就把原一平让进了屋里……

看，这就是微笑的魅力。可见，养成微笑的习惯是多么重要。

微笑，是一种愉快的心情的反映，也是一种礼貌和涵养的表现。销售人员自然而朴实的微笑,是与客户沟通最好的敲门砖,是最好的催化剂。

微笑是传递友好与善良的信号，是消防对方敌意的开关，微笑可以接近彼此之间的距离，增进彼此之间的感情，同时微笑还可以使自己增强销售成功的信心，把微笑与自信带给客户，因此，微笑对于销售人员来讲，它既不花成本，利润却很丰厚。

俗话讲“笑口且常开，财源滚滚来”，“抬头微微笑，低头数钞票”。销售员的微笑是创造财富的来源，“要把销售做得好，天天微笑少不了”。因此，要学会用真诚的微笑去打动客户，以甜蜜的微笑去赢得客户，把温暖带给他人，把幸福传给客户。

富兰克林·贝特格是圣路易红雀棒球队的三垒手，退役以后成了全美国最成功的保险推销人士之一。他说，他好多年前就发现，一个面带微笑的人永远受欢迎。因此，在进入别人的办公室之前，他总是停下片刻，想想他必须感激的许多事情，绽开一个大大的、宽阔的、真诚的微笑，然后当微笑即将从他脸上消失的刹那走进去。这种简单的技巧，与他推销保险如此成功有很大的关系。

在销售过程中，销售人员以微笑开始服务与消费者接触，在轻松愉快的环境下进行销售，是有助于消费行为的产生，即使没有销售成功，也至少体现出销售人员应有的风度与企业良好的文化，因此，微笑始终要贯穿在销售人员与客户的交往当中。

对销售人员来说，在客户面前，流露出自然而甜美的微笑，给人一种亲近、友善、和蔼的感觉，让人在心中留下美好难忘的第一印象。那么，什么样的微笑才是合格的呢？

美国沃尔玛零售公司是世界500强企业，它的微笑服务享誉全球。在微笑服务上，他们有一个“统一规格”——店员对顾客微笑时必须露出8颗牙齿。如果你觉得自己表情僵硬，无法做到这一点，那么不妨对着镜子练习一下。每天早晨上班前，哪怕只有30秒钟也行，站在镜子前面照一照自己的笑容：第一步，对镜子摆好姿势，像婴儿咿呀学语时那样，说“E……”，让嘴的两端朝后缩，微张双唇；第二步，轻轻浅笑，减弱“E……”的程度，这时可感觉到颧骨被拉向斜后上方；第三步，相同的动作反复几次，直到感觉自然为止；第四步，无论自己坐车、走路、说话、工作都随时练习。坚持做好以上几步，那么你的微笑就会亲切美丽了。无数事实表明，一次完美的微笑，常常可以让对方感到亲切，进而对你产生好感，下一步的销售活动就可以顺利地进行了。

一天，约瑟夫去拜访一位客户，但是很可惜，他们没有达成协议。约瑟夫很苦恼，回来后把事情的经过告诉了经理。经理耐心地听完了约瑟夫的讲述，沉默了一会儿说：“你不妨再去一次，但要调整好自己的心态，要时刻记住运用微笑，用你的微笑打动对方，这样他就能看出你的诚意。”

约瑟夫试着去做了，他表现得很快乐、很真诚，微笑一直洋溢在他的脸上。结果对方也被约瑟夫感染了，他们愉快地签订了协议。

约瑟夫结婚已经18年了，每天早上起来都要去上班。忙碌的生活让他顾不上自己心爱的太太，他也很少对妻子微笑。约瑟夫决定试一试，看看微笑会给他们的婚姻带来什么不同。

第二天早上，约瑟夫梳头照镜子时，就对着镜子微笑起来，他脸上的愁容一扫而空。当他坐下来开始吃早餐的时候，他微笑着跟太太打招呼。她惊愕不已，非常兴奋。在这两周的时间里，约瑟夫感受到的幸福比过去两年还要多。

现在，约瑟夫上班时，就对大楼门口的电梯管理员微笑；他微笑着跟大楼门口的警卫打招呼；站在交易所时，他对工作人员微笑。约瑟夫很快就发现别人同时也对他微笑。一段时间之后，他发现微笑真的改变了他的生活，他收获了更多的快乐和友谊。

我们都知道，要完成一笔销售所具备的因素有很多，但铁一般的事实却已经证明了，一个没有微笑的销售员，是绝对不可能成功完成销售的。世界上伟大的推销员乔·吉拉德曾说："当你笑时，整个世界都在笑，一脸苦瓜相没有人理你。"由此可见，微笑对销售员来说作用巨大，因为微笑如同直通人心的世界语言，它能深深地打动每一颗冷漠的心灵，并创造出无数的奇迹！

微笑是一个销售员迈向成功的所必须掌握的技能之一，在漫长的销售生涯中，要想走得长远和持久，就要面带微笑。

恰当的称呼，让人心里觉得舒服

称呼是指人们在正常交往应酬中，彼此之间所采用的称谓语，在日常生活中，称呼应当亲切、准确、合乎常规。正确恰当的称呼，体现了对对方的尊敬或亲密程度，同时也反映了自身的文化素质。

俗语说，“良言一句三冬暖”。得体的称呼就像一份见面礼，给对方带来心理上的满足，使沟通更加顺畅。如果称呼不得体，往往会引起对方的不快，甚至令对方生气，使双方陷入尴尬，造成交往障碍或中断。

有一位先生为一位外国朋友订做生日蛋糕。他来到一家酒店的餐厅，对服务小姐说：“小姐，您好，我要为我的一为外国朋友订一份生日蛋糕，同时打一份贺卡，你看可以吗？”小姐接过订单一看，忙说：“对不起，请问先生，您的朋友是小姐还是太太？”这位先生也不清楚这位外国朋友结婚没有，从来没有打听过，他为难地抓了抓后脑勺想想说：“小姐？太太？一大把岁数了，太太。”生日蛋糕做好后，服务员小姐按地址到酒店客房送生日蛋糕，敲门，一女子开门，服务员小姐有礼貌地说：“请问，您是怀特太太吗？”女子愣了愣，不高兴地说：“错了！”服务员小姐丈二和尚摸不着头脑，抬头看看门牌号，再回去打个电话问那位先生，没错，房间号码没错。再敲一遍，开门，“没错，怀特太太，这是您的蛋糕。”那女子大声说：“告诉你错了，这里只有怀特小姐，没有怀特太太。”门被大力关上，蛋糕落地。

这个故事，就是因为错误的称呼所造成的。在西方，特别是女子，很重视正确的称呼。如果搞错了，引起对方的不快，往往好事就变成坏事。由此可见，称呼是否得体在一定程度上决定了人们交往活动的成败。心理学家认为，得体的称呼能使人身心愉悦，增强自信，有助于形成亲密和谐的人际关系。而良好的人际关系能使人精神振奋、提高工作效率。而且，得体的称呼也能缩短人和人之间的心理距离。

销售员在销售过程中首先是与客户打招呼，引起客户重视，那么在称呼上就要讲究一点艺术性。

1. 选择正确的称呼方式

（1）根据对方的年龄特征称呼，称呼长者，一般都用尊称，例如“老爷爷”“老奶奶”“大叔”“大娘”等。

（2）根据对方的职业特征称呼，称呼工人、司机、理发师、厨师等用“师傅”，称呼教师为“老师”，称呼医生为“大夫”。

（3）根据对方的身份特征称呼，有时候因为年龄问题，别人可能不愿意接受你的称呼，最好的办法就是名字加称呼。

（4）根据你和别人的亲疏关系称呼，在与多人同时打招呼时，要注意亲疏远近和主次关系。一般来说先长后幼、先上后下、先女后男、先疏后亲为宜。

（5）根据说话场合称呼，在日常生活中，对领导、对上级最好不称官职，以“老李”“老张”相称，使人感到平易近人，在正式场合下最好称呼职称，这样才能体现工作的严肃性。

（6）根据对方的语言习惯，在一些地方称呼尼姑是小师傅，假如你叫当地一个女孩为“小师傅”她肯定会跟你发火，就像当今社会“小姐”这个称呼一样，你要是随便一个女孩为小姐，她同样会生气。

2. 称呼的禁忌

我们在使用称呼时，一定要避免下面几种失敬的做法。

（1）错误的称呼。常见的错误称呼无非就是误读或是误会。第一，误读。也就是念错姓名。为了避免这种情况的发生，对于不认识的字，事先要有所准备；如果是临时遇到，就要谦虚请教。第二，误会。主要是对被称呼的年纪、辈分、婚否以及与其他人的关系做出了错误判断。比如，将未婚妇女称为“夫人”，就属于误会。相对年轻的女性，都可以称为“小姐”，这样对方也乐意听。

（2）使用不通行的称呼。有些称呼，具有一定的地域性，比如山东人喜欢称呼“伙计”，但南方人听来“伙计”肯定是“打工仔”。中国人把配偶经常称为“爱人”，在外国人的意识里，“爱人”是“第三者”的意思。

（3）使用不当的称呼。工人可以称呼为“师傅”，道士、和尚、尼姑可以称为“出家人”。但如果用这些来称呼其他人，没准还会让对方产生自己被贬低的感觉。

（4）使用庸俗的称呼。有些称呼在正式场合不适合使用。例如，“兄弟”“哥们儿”等一类的称呼，虽然听起来亲切，但显得档次不高。

（5）称呼外号。对于关系一般的，不要自作主张给对方起外号，更不能用道听途说来的外号去称呼对方，也不能随便拿别人的姓名乱开玩笑。

总之，称呼他人为一门极为重要的事情，在销售过程中，如果销售人员对客户称呼的不妥当则很容易让客户产生立即的反感，进而拒绝购买你推销的产品。一个热情、友好而得体的称呼，能似妙言入耳，如春风拂面，使客户顿生亲切、温馨之感。

记住名字，是对客户最大的恭维

姓名是世界上最美妙的字眼，每个人都十分看重自己的姓名。美国前总统罗斯福说过：“交际中，最明显、最简单、最重要、最能得到好感的方法，就是记住人家的名字。”心理学家认为，当听到别人叫自己名字时，人的内心会产生喜悦感和满足感。在销售过程中，你可以一而再地使用这个“工具”，顾客是永远不会厌倦，这还可以削弱顾客的紧张心理，并缓和彼此意见的对立；同时，也会让顾客觉得你与众不同。摩托罗拉公司认为，如果公司的服务人员能记住老顾客的姓名，并在其再次光临时能立即叫出他的名字，就可以有效地提高顾客的满意度。

有一位美容店的老板说：“在我们店里，凡是第二次上门的，我们规定不能只说‘请进’。而要说：‘请进！某某小姐（太太）。’而且，只要来过一次，我们就存入档案，要全店人员必须记住她的尊姓大名。”

如此重视客户的姓名，使客户感到备受尊重，走进店里颇有宾至如归之感。因此，老主顾愈来愈多，生意愈加兴隆了。

无论对谁来说，世界上最悦耳的声音莫过于自己的名字了。当他人在与我们交谈时，能够称呼我们的姓名，我们心里随即会生出一股暖流。销售人员若能够想办法记住客户的名字，这既表现出了你对客户的重视，同时，也让客户感到你的亲切，如此一来，对你的好感也就油然而生。抓住了对方的这一心理特征，你也就轻松地赢得了销售的第一回合了。

戴尔·卡耐基曾经说过：“一种最简单但又最重要的获取别人好感的方法，就是牢记他人的名字。”只有准确地记住客户的名字，才能赢得客户的好感和信赖，才能为谈生意营造一种良好的氛围。

泰国的东方饭店是一家已有110多年历史的国际性大饭店。这么多年以来，这家饭店几乎天天客满，不提前一个月预订很难有入住的机会。一个饭店能经营到这种程度，自然有其特殊的经营秘诀。其秘诀就是饭店员工对每一个入住的客户都给以最细致入微的关怀和重视。

比如张先生入住了这家饭店，早上起床出门，就会有服务生迎上来说："早上好，张先生！"不要感到惊讶，因为饭店规定，楼层服务生在头天晚上要背熟每个房间客人的名字，因此他们知道你的名字并不稀奇。当张先生下楼时电梯门一开，等候的服务生就会问："张先生，用早餐吗？"当张先生走进餐厅，服务生就问："张先生，要老座位吗？"饭店的电脑里记录着上次张先生坐的座位。菜上来后，如果张先生问服务生问题，服务生每次都会退后一步才回答，以免口水喷到菜上。当张先生离开，甚至在若干年后，还会收到饭店寄来的信："亲爱的张先生，恭喜您生日快乐！您已经3年没来光顾我们的饭店了，我们全饭店的人都非常想念您。"如果你受到这样的重视和关注，想必你一定还会想再回那家饭店住上一段时间的。

这就是泰国东方饭店成功的秘诀所在，重视客户，永远记住客户的名字，才会紧紧抓住客户的心。

准确地记住客户的名字在销售活动中具有至关重要的作用。善于记住客户的姓名是一种礼貌，也是一种感情投资，在销售中会起到意想不到的效果。美国一位学者曾经说过："一种既简单但又最重要的获得好感的方法，就是牢记住别人的姓名，并且在下一次见面时喊出他的姓名。"名字作为每个人特有的标识，是非常重要的。对一个人来说，自己的名字是世界上听起来最亲切和最重要的声音。它不但是获得友谊、达成交易、得到新的合作伙伴的通行证，而且能立即产生其他事物所达不到的效果。

世界上天生就能记住别人的名字的人并不多见，大多数人能做到这一点全靠有意培养形成的好习惯。而销售人员一旦养成了这个好习惯，就能在销售活动中占有很多优势。

要牢记客户的名字，可参考下面几种方法：

1. 用心听记。把准确记住客户的姓名和职务当成一件非常重要的事，每当认识新客户时，一方面要用心注意听其介绍自己，一方面要牢牢将其所说记住。若听不清对方的大名，可以请其再重复一遍。如果还不确定，那就请其示范如何拼写。切记，每一个人对自己名字的重视程度绝对超出你的想象，客户更是如此。记错了客户名字和职务的销售员，很少能获得客户的好感。

2. 用笔辅助记忆。在得到客户的名片之后，可以把他的爱好、专长、生日等信息写在名片背后，以帮助记忆。若能配合照片另制资料卡则更好。不要一味地依赖自己的记忆力，万一出错，则得不偿失。

3. 不断重复。几乎每个销售员都有过这样的情况：当客户告诉你他的名字后，不一会儿你就把这个人的名字忘记了。这个时候，你需要在心中将其名字多重复几遍，才会记牢。因此，在与客户初次谈话时，可以尽量多叫几次对方的名字。如果对方的姓名或职务少见或奇特，不妨请教其写法与取名的原委，这样更能加深印象。

4. 运用有趣的联想。联想是一种有趣的记忆名字的方式。销售员可以根据客户的个性特征、名字谐音等，产生联想，以帮助自己记忆。比如：如果一个客户的名字叫“严婉庄”，销售员可以倒过来记忆为“装碗盐”，这样马上就把这个客户的名字记住了。

5. 多与客户接触。与客户见面的次数多了，你想忘记都难。

总之，记住客户的姓名，并真诚地叫响客户的姓名，它意味着我们对客户的接纳，对客户的尊重，对客户的真诚，对客户的关注。这对销售工作有着巨大的帮助。

提高亲和力，让客户喜欢你

亲和力是人与人之间信息沟通，情感交流的一种能力。它一方面表现为主动控制人际交往，另一方面表现为被其他人所认可。有亲和力的人身上散发出一种独特的力量，迫使我们不得不去喜欢他。那神秘的力量便是亲和力，我们就是被这种力量影响了。

对于销售员来说，亲和力也是促使人们舒心购物的必不可少的条件。它使客户基于信任减少了对销售员的怀疑态度。如果把销售员和客户的交流比作两个齿轮互相磨合，那么亲和力就是齿轮间的润滑油，它能使整个销售在亲切友好的过程中进行。所以，学习如何在销售中充分地表现出自己的亲和力，是一个优秀的销售人员所不可或缺的能力。

亲和力是客户对你产生好感的第一要素，一位有亲和力的销售员不管走到哪里，都会受到客户的喜爱。成功的销售员都有非凡的亲和力，他们非常容易博取客户的喜欢和信赖，也就很容易地跟客户成为好朋友。许多的销售都建立在友谊上面，因为人们喜欢向他们所喜欢、信赖和具有友谊基础的人购买东西。为什么呢？很简单，因为客户觉得放心。所以，一个销售员是不是能够很快地同客户建立起很好的友情基础，与他的亲和力有绝对的关系。

亲和力是一个销售员应该具备的基本素质，销售员在推销产品的过程中，亲和力无论是对客户还是对平时的沟通和协调都起着难以估量的促销、吸引、示范和鞭策作用，因此也最具影响力和号召力。一位营销大师经过对多个楼盘售楼小姐业绩的调查后得出结论：“在各个楼盘里，业绩最好的售楼小姐往往不是最漂亮的，而是最具亲和力的。”而亲和力通常表现为一个和善的微笑和一句亲切而真诚的问候。

一家消费品市场的老板，把很多个销售员都拒之门外。后来，有一位销售员去了他那里，当时，老板正在忙着他自己的事，销售员就先站了一会儿，一直保持着微笑和安详的神态看着他，偶尔帮一下手。几分钟后，老板对他说：“我看着你就顺眼，你的商品我要了，要是别人来，我就是不要。”后来，这个消费品市场成了这位具有亲和力的销售员的长期稳定客户。

在销售中，“亲和力”具有很好的人际吸引力。让人感到亲切，会缩短你与别人之间的心理距离。对于销售人员来说，很多时候亲和力甚至比高超的销售技巧重要。因为只有具备了亲和力，才容易接近客户，促成沟通，达成合作。超强的亲和力，会让你在第一时间拉近与客户的距离，最大限度地消除戒备感。这样的氛围下，才有可能促使交易成功。销售其实首先要做的是自我推销，只有让客户接受你，认可你，才会对你所推销的产品和服务产生信赖感。而亲和力是完成自我推销的有效利器。

在与客户的交往过程中，亲和力是销售员无形的杀伤武器，它可以化干戈为玉帛，达到四两拨千斤的作用，给销售员带来更多的收获。其实，亲和力的建立，就是通过某种方法，让客户依赖销售员、喜欢销售员、接受销售员。当客户对销售员产生依赖、喜欢的时候，自然也会比较容易接受和喜欢销售员销售的商品。

人是自己的一面镜子，你越喜欢自己你也就越喜欢别人，而越喜欢对方，对方也容易跟你建立起良好的友谊基础，自然而然地愿意购买你的产品。实际上他们买的不是你的产品，而是真诚的你，人们不会向自己不喜欢的人买东西。

销售员在闲暇的时候不妨好好回忆一下：在你的工作当中，哪些是你最好的客户，哪些是最喜欢向你买东西的客户，你们彼此之间是否如同朋友一般。正是这种彼此之间亲和力造成了大部分成功的销售。

成功的销售员都是能够和客户建立良好的关系并具有亲和力的销售员。至于那些失败的销售员，因为他们自信心低落、自我价值感差、自我形象糟糕，所以他们不喜欢自己，讨厌自己，当然从他们的眼中看待客户的时候，就很容易看到客户的缺点，也很容易挑客户的毛病。他们容易讨厌客户，挑剔客户，不接受客户，自然无法与客户建立起良好的友谊，与客户间也无亲和力可言。

对于销售员来说，让自己具有亲和力是赢得客户的心的重要因素。但是，在销售的过程中，销售员要怎样才能具有自己的亲和力呢？

下面介绍几种快速建立亲和力的方法：

1. 情绪同步

情绪同步就是在情绪和注意力上与沟通对象处于同一个频率的状态。假如你碰到一个客户谈起事情来很正式，不苟言笑，你也要像他一样；如果客户比较随和，并且爱开玩笑，你在情绪上也要和他一样活泼，比较自然。情绪同步会让客户感觉到，在心理和情绪上你是很能够理解他的，他就会有一种被理解、被尊重、被接受的感觉。

2. 肢体上的同步

肢体动作，面部表情及呼吸的模仿与使用是最能帮助销售人员进入客户频道及建立亲切感的有效方式。当销售人员和客户谈话沟通时，销售人员模仿客户的站姿或坐姿，手和肩的摆放姿势及其他举止，将会让客户产生一种认同感，例如，许多客户在交谈时会惯用某些手势，销售人员也不妨时常使用这些手势作表达。也许你这么做，开始可能会觉得可笑或不习惯，但当你能模仿得惟妙惟肖时，客户会莫名其妙地喜欢你，接纳你，他们会自动将注意力集中在你身上，而且觉得和你一见如故。

3. 语言同步

很多人说话都惯用一些术语，或者是善用一些词汇。例如有些口头禅，如果销售人员能听得出来客户的惯用语，并也时常用客户的这些口语，客户非常容易感到你很亲切，听你说话就特别顺耳，所以，销售人员若能够使用客户的语言，又去使用他的音调、速度、声音，又和他有相同的55%的生理状态，他看到你时会像在镜子当中看到自己一样，自然会对你有好感。

总之，亲和力是销售人员必备的特质，一个看似冷酷的销售员，必定不能获得客户的好感，更不用说引起对方购买的意愿。所以，要想做好推销工作，先要学会磨平自己的棱角，在客户面前，要给予如沐春风般的温暖和关怀。这样才能赢得对方的好感和认可。才有助于开展接下来的工作。

燃烧热情的火焰，客户只买“热情”的单

在销售界里流传着这样一句话：有销售热情才会有购买热情。在成交活动中，销售人员的热情程度越高，客户的购买欲望越强烈。一项相关的调查显示：人们在最初的30秒内对某人或某事的印象，决定了十五分钟后，甚至半年后他们对这个人的看法。曾经有一位朋友半开玩笑地说：

“我买不买东西，主要的判断标准就是看销售人员的热情程度。见面的最初三十秒内，我就可以知道这个人有没有足够的热情。当然，我也会去看他的专业能力、产品、价格、品牌等，但这都是三十秒之后的事情，如果他没有通过我的第一关，不能让我感受到他的热情的话，那我就会马上拒绝他！”想想看，你可曾靠着无比“奔放的热情”而迅速赢得顾客的心，可曾在危急时刻凭借自己热忱的心使顾客回心转意，挽回订单？

艾施·玫琳凯曾说过：“对每一名销售人员来说，热情无往不利。当你用心灵、灵魂信赖你所推销的产品时，其他人必定也能感受得到。”热情的重要性可以在一个没有多少成交经验的销售人员身上体现出来。有些销售人员刚刚接受完培训，根本没有实战经验，但他们创造的业绩有时比那些老销售人员还要好。究其原因，是热情在起作用。

某培训公司有个公司的销售冠军，中学毕业后，原本继承父业从事铸工一职，不料几年后经济不景气，导致订单大幅锐减，一个星期中实际工作没几天，而此时的他已经结婚生子了，因此经济越来越拮据。直到有一天，他偶然看到一家公司的一张“诚聘销售人员，专职、兼职均可”的广告，当时他心想既然可以兼职，可利用周末去跑客户，也不考虑自己从无销售的经验，对培训的工作更是一无所知，便跑来应聘了。更有趣的是，当他简单说完自己来应聘的目的时，也不管经理是否录取他，便一把抓起一旁的广告宣传单，说声“我走了”。

尽管他根本不懂培训，也不懂种种的成交技巧，只凭着自己的一片热忱，逢人便说培训上课的好处，并享有数不尽的乐趣。很快地，一个月兼职的时间过去了，他以一个毫无经验的新人身份，才八个工作日，就签下 27 张单的佳绩，勇夺销售冠军，远超过所有专职的老销售员。

热情是销售成功的一个重要因素，统计表明，热情在销售中所占的比重为95%，而产品知识只占5%. 当你看到一名销售人员毫无产品知识和经验，却能不断地将产品销售出去时，你就会看到热情有多么重要。

全美推销协会曾对美国的杰出销售人员做过一次调查，结果发现这些优秀的销售人员都具备的特性之一就是热情。热情具有超强的感染力，只要你热情洋溢，即使你的语言表达能力不强，也能给你的客户留下良好的印象，也能把你想要传达的信息传达清楚，也一样能拿下订单。让热情替你说话，一个微笑能够融化一切！

罗伯特·苏克是一个很棒的保险销售员，后来创办了美国经理人保险公司。

有一次。他手下有个叫比尔的销售员当着大伙儿的面，抱怨自己负责的那块地盘不好。他说："我逐一访问了那个地区的20个销售对象，但一个也没成功。所以我想换个地盘试试。"罗伯特则不以为然，他说："我认为并不是地盘不行，而是你的心态不行。""我敢打赌，没有人能在那个地区做成买卖。"比尔固执地说。"打赌？"罗伯特说，"我最喜欢接受挑战！我保证一周之内，在你那20个名单目录中做成至少10桩买卖。"

一周后，罗伯特当众打开公文包，就像玩魔术似的，大会议桌上放了16份已签的保险合同单！"你到底是怎么做的？"比尔问。

"当我去拜访每一位顾客时，先自我介绍：我是保险公司的销售员。我知道，比尔上个星期到你儿来过一趟。但我之所以再来拜访你，是因为公司刚刚出台一套新的保险方案，和以前的方案相比，它将给顾客带来更多的利益，而且价格一点儿也没变。我只想占用你几分钟时间，给你解释一下方案的变动情况。

“在他们还来不及说不时，我就先取出我们的保险方案——其实还是以前的那本手册，只不过我重新又抄了一遍而已。我也是先逐条解释保险条款，只不过我倾注了极大的热情。关键处我便加重语气强调：你可看好了，这是新增条款现在你该明白两者的区别吧？每次顾客都回答：不错，还真和上次的不一样。我接着说：再看看这条，这又是一个全新的条款。你认为这条怎么样？顾客再次回答：真是有些不一样！

“于是我继续解释下去：下面这条你可尤其注意了，这可是一条最让人激动的条款！就这样，我满腔热情地向他们销售。当所有保险内容都解释完之后，顾客已经被我的热情所感染。变得和我一样兴致勃勃，每个人都感谢我带给了他们全新的保险方案，即便是那个没签保险合同的顾客也是一样。”

不管是什么样的事业，要想获得成功，首先需要的就是工作热情。销售事业更是如此。销售人员长年累月四处奔波，辛苦一点可能还没什么，但接连遭受失败以及客户的白眼一般是难以忍受的。可想而知，销售人员假如没有热情作支撑，恐怕早就倒下去了。所以说，作为一名销售人员，不但要锻炼出一副健康的体魄，还要始终让内心充满热情。热情就是销售成功与否的首要条件，只有诚挚的热情才能融化客户的冷漠，使销售人员攻无不克。

但遗憾的是，很多销售员在成交的过程中并没有表现出足够的热情。可以说，经验和热情很少同时存在于同一个人身上，这就证实了这种说法：“熟而轻之”。长久地从事某一行业，可以给你带来丰富的经验，但同时也可能磨灭你的热情，使你变得越来越机械。你必须想办法加以克服，使自己的热情之火永不熄灭。

那么如何取得热情呢？

首先要对自己有信心，也就是说要对自己的产品有信心，对自己的服务有信心。这样当你与客户打交道时，才会热情洋溢，积极地为产品做宣传。其次，这种热情应发自内心，而不是发自口舌。让顾客感受到你的真诚、你的真心，以诚相待，才能建立长远的合作关系。最后是自我鼓励。在拜访客户之前，先对自己进行一番自我鼓励。用热情来鼓励自己，带着积极乐观的情绪投入工作，你将发现前进的途中不见了许多障碍。建议你运用这样一个心理暗示，每天都对自己说:“我要变得热情！”并让这个自我激发深入到潜意识中去。那么，当你在奋斗过程中精神不振的时候，这个激发就会进入到你的意识中，也就是说一旦时机到来，这样的潜意识就会激励你采取热情的行动，变消极为积极，重新焕发精神。

热情作为一种精神状态是可以互相感染的，如果你始终以最佳的精神状态出现在客户面前，那你的客户一定会因此受到鼓舞，你的热情会像野火般蔓延开来，你的热情就能感染和打动客户。

选择了销售行业，你就避免不了经常性地遭到失败和拒绝，如果你对销售工作没有一点热情，苦苦挨到发薪的那天你会得到令人失望的结果。你的收入是与你提供给客户的服务数量来决定的。较少的服务等于较少的收入，更多的服务等于更多的收入。所以说，如果销售人员对待其所从事的销售工作没有狂热的热情投入，就不可能在成交中获得很大的成功。

热情，是一种内在的精神实质，它深入到人的内心，真诚的热情是最能打动人的。热情可以传递给客户。商品是没有生命的东西，但客户却是有血有肉的人，会被热情所打动。热情还可以弥补销售员自身的不足。即使是销售新人缺乏销售经验，也能凭着不可抗拒的热情不断地将产品销售出去。销售人员只有用热情感染顾客，销售事业才会有如神助。无论是国际品牌的推广还是做小买卖的摊贩，热情都能创造交易。因为感性诉求永远能打动买主的心！

细心观察你会发现，在销售行业中，热情的销售人员业绩不一定好，但业绩好的销售人员一定热情。

第四章

心理认同：先交朋友再做生意

互惠心理，先让客户产生负罪感

“来而不往非礼也”，这是一个人情往来的社会，当别人对你做了很大的付出时，你就会产生回报对方的想法。如果不这么做，内心就会感到不安。这是一种互惠的力量在“作祟”。销售也是一样。如果你在销售过程中，如果能够牢记并巧妙运用互惠心理，给顾客一些恩惠，使客户产生负债感，便能够在回报意图的作用下，有效地促使客户购买你所销售的产品。

一个小渔村，由于地处偏僻，沿途人少，所以通往外界的公交只有两辆——101 和 102。开 101 的是一对夫妇，开 102 的也是一对夫妇。

坐车的大多是一些船民，由于他们长期在水上生活，因此，往往是一家老小一起进城。

101 号的女主人为人很精明，她很少让船民给孩子买票，即使是一对夫妇带几个孩子，她也是熟视无睹，只要求船民买两张成人票。有的船民过意不去，执意要给大点的孩子买票，她就笑着对船民的孩子说：“下次给带个小河蚌来，好吗？这次让你免费坐车。”

而 102 号的女主人恰恰相反，只要有带孩子的，大一点的要全票，小一点的也得买半票。她总是说，这车是承包的，每月要向客运公司交多少多少钱，哪个月不交足，马上就干不下去了。船民们也理解，几个人就掏几张票的钱，因此，每次也都相安无事。

不过，3 个月后，门口的 102 号不见了，听说停开了。因为搭她车的人少，真应验了她之前的那句话：马上就干不下去了。

故事中，101号的女主人就是利用互惠原则在竞争中笑到最后的。

为什么互惠心理有如此威力？俗话说，礼尚往来。人们都有一种不愿负债的心理。一旦受惠于人，心理会有一种压力，让人迫不及待想要卸下，这时就会痛痛快快地给出比我们所得要多得多的回报，以使自己得到心理重压下的解脱。互惠影响运用到销售之中，会产生非常好的效果。

著名心理学家罗伯特·西奥迪尼指出：对于别人的付出我们要予以回报，否则就会产生愧疚感。这也正是我们平时所说的“互惠心理”。想要获得什么样的回报，往往不在于别人想要给你什么，而是你曾经给了别人什么。当你实实在在地为别人做了一些事情，给他带去了一些好处，别人就会想方设法地来报答你为其所做的一切。这是典型有效的利用互惠心理的进行的销售策略。

常华是一家公司的销售员。最近，他遇到了一个令他头疼的客户。这位客户姓李，是一个对销售中的所有环节都要求相当苛刻的人，总会向他们提出一些难以答应的要求，比如价格、送货方式、售后服务以及支付方式等。如果在谈判中，对方反驳他的意见，表示不能答应这么苛刻的条件，他甚至会以威胁的方式一定让对方认可，否则就立即停止谈判，选择和其他公司合作。

遇到这位客户，常华也曾想到要放弃，但不服输的他再一次拜访了李经理。见面后，常华开门见山地说：“李经理，我将情况都汇报给了领导，领导认真地考虑了您提出的所有要求，他说他非常希望能成为贵公司的合作伙伴，因此，希望大家再开诚布公地进行一次有效谈判。您要求我们负责运输，终身免费帮贵公司维护和维修设备，这些条件我们全部答应，我们也算做出了最大的让步，但是为了保证我们这次合作的顺利进行，希望贵公司能看到我们的诚意，尊重我们的价格。我想如果在价格上我们达成了共识，那我们一定可以合作愉快的。”

李经理听完常华的话，不仅没有反驳，反而因为常华这席话开始对他刮目相看，还说：“不错啊，小伙子，看你年纪不大，但业务能力却非同一般啊。这样，就按你说的，我们尊重你们开出的价格，不过具体定在多少，我们还要开会讨论一下，因此还需要你静等两天，之后我会给你答复。”

第三天，常华接到了李经理的电话，李经理直接就给了他一个比较合理的价格，而且这个价格比常华的预期还要高出不少，这令常华非常满意。后来再次见到李经理时，李经理告诉他：“你知道我为什么那次那么痛快地就答应了你的要求吗？其实我也知道我们的要求有些苛刻，单就终身免费维护和维修这点，其他公司就做不到，而你既然能在领导面前帮我们争取到这一点，又同意由你们来承担运输问题，也算是给了我们公司不小的恩惠了，如果我再不同意你的要求，就太不近人情了。”说着李经理哈哈大笑起来，一点也不像那种苛刻的人。

这就是互惠心理在起作用。俗话说：“吃人家的嘴软，拿人家的手短。”这个案例中的常华之所以能征服这位令旁人看来非常棘手的客户，就在于他在能力范围之内满足了客户的一些不合理要求，从而让客户感觉受了他的恩惠。而受了这种恩惠，他就将以其他方式加以回报，以求取一种心理上的平衡。

一般来说，无论在任何情况下，只要对方接受了你的某种礼物或帮助，对方就等于“欠了一个人情”，而这笔“人情债”一天“不还”，对方的心里就会有一种无形的“道德压力”，直到有一天偿还为止，才感受到了一种“解脱”。互惠是一种普遍的心理影响力，善于应用这样的心理效应，就会为销售人员在建立客户关系时带来很大的帮助。

待人以诚，用真诚打动客户

俗话说，“精诚所至，金石为开”，人与人之间的交往贵在真诚，只有真诚相待才能够使彼此长久相处。以心换心，你怎样对待别人，别人就会怎样对待你。在销售活动中，也应该遵循这样的心理原则。做销售员首先要做一个真诚的人。

何谓真诚？真诚就是真实、诚恳、实事求是，没有一点虚假。如果一个销售员拥有了真诚的品质，让客户知道你真诚的合作愿望，这样会让你的客户在心理上得到极大的满足感，他会认为与你合作非常放心，因为你的态度很诚挚、自然，这样就会很容易促成销售的成功。

日本的大企业家小池年轻的时候也曾做过销售。有一次，他居然在不到半个月的时间里，就和30多位客户做成了生意。但是后来他发现自己的商品比其他厂家的产品要贵很多，如果同他订货的客户知道这种情况一定会对他的信用产生怀疑，这让小池深感不安。后来他居然决定让客户退货，即使自己不赚钱，也要讲求诚信。于是小池带着订单和订金，花了整整三天时间去逐个找客户老老实实地说明情况，并请他们取消订单。然而客户们却都被小池的真诚所打动，不仅没有取消订单，还加深了对他的信赖和敬佩。于是小池用自己的真诚换回客户的信任，前来和小池订货的客户络绎不绝，最终使他成就了伟大的事业。成功后的小池在总结经验时说："做生意就像做人一样，第一要先学会做人，其次才能做好生意。"

真诚的态度换来的是受用终身的美誉和回馈。其实，客户的心是一扇虚掩的门，销售员将其打开的金钥匙就是真诚。据美国纽约销售联谊会统计：70%的人之所以会从你那里购买产品，是因为你的真诚让他们喜欢你、信任你和尊敬你。因此，要使交易成功，对客户真诚是最好的策略。

真诚是获得好声誉的最好的方法，好的声誉是销售人员一辈子的财富，是一座挖不完的金矿。日本推销之神原一平曾经这样讲："推销员最需要的是真诚，真诚面对自己，真诚地面对别人，这样才能赢得对方的敬重。至今我每天拜访客户，在与对方对坐之时，试图与对方融为一体，以产生强烈的吸引对方的魅力。上述种种行为的秘诀在哪里，其实全赖于体内永不消逝的率直、纯真、稚气而已。"

刘畅是一位地产经纪人。当下，他负责推销一块地，这块地约有100亩，靠近火车站，交通很方便。不过，对推销不利的是，这块地附近有一家钢铁加工厂，从工厂里传出来的打铁以及研磨机的声音十分嘈杂，吵得让人烦躁。

他想将这块地推销给吴总，因为这块地的价格、地点和吴总要求的大体上非常吻合。更重要的是，马可考虑到，吴总住在闹市区里，一天24小时都生活在噪音之中，对于噪音已经习惯，大概不会太在乎这一点。

刘畅在介绍这块地给吴总时说："吴总先生，这块地的价钱要比很多地都要便宜一些。当然，便宜有便宜的理由，原因就是生活在这里，很容易受到邻近工厂噪音的干扰，但是，其他的条件都与您要求的大致相同。”

很快，吴总就向刘畅买下了这块地。为什么他会买呢？他说：“你特别提到噪音，其实，噪音对我是不成问题的。我现在住的地方经常会听到大货车的引擎声，声音大得可以震动门窗；而且这家钢铁加工厂下午5点就关门了，所以对我来说更不成问题。许多推销员在介绍这块地时都不讲缺点，像你这样诚实而清楚地说出缺点，我反而要放心一些，你这样做非常好，所以我决定跟你买了！”

上例中刘畅的成功，在于真诚的说话态度。唯有真诚之心才能打动客户的心，以真诚之心对待客户，才能获得客户的信任，建立良好的合作关系。

真诚是赢得客户好感的最好的方法。松下幸之助先生曾说：“在这个世界上，我们靠什么去拨动他人的心弦？有人以思维敏捷、逻辑周密的雄辩使人折服；有人以声情并茂、慷慨激昂的陈词去动人心扉……但是，这些都是形式问题。我认为在任何时间，任何地点，去说服任何人，始终起作用的因素只有一个，那就是真诚。”最能推销产品的人并不一定是口若悬河的人，而是善于表达真诚的人。当你真诚地对待客户时，你就赢得了客户的信任，建立起人际信赖关系，客户也就可能由信赖你这个人而喜欢你推销的产品。

一位中国游客去纽约游玩。在他出国之前，很多朋友都向他推荐一家纪念品商店，朋友推荐的理由是：这家店里的纪念品很精致，价位也合理，最主要的是，这是一家值得信赖的小店。

到了纽约，游客按照朋友说的地址找到那家饰品店，他想见识一下这家店究竟有多么出众。进了店面后，他发现这里的饰品果然都很别致，价格也不高，非常适合带回国送给亲友。他挑了又挑，看见一块欧式怀表，于是打算买下来送给父亲。可是，售货员首先问了一句："先生是来自中国吗？"游客回答说"是"。

"既然这样，我建议不要买这一列货架的产品。"售货员说着指了指身后的货架。

"为什么？"游客很不解。

"因为这排货架的产品都是中国制造的，"售货员指着怀表背面的"made in china"说，"一来您出国买中国制造的产品送给亲友会很尴尬，二来经过进货、分销渠道后，这些产品的价格会比您在国内买高出很多。所以我建议您从其他货架挑选。"

游客感激地放回怀表，从其他货架挑选了几样饰品。回国后，每当身边有人要去纽约旅行，他也会向对方推荐这家小店。

世界著名推销员齐藤竹之助认为，即使语言笨拙，但只要能与对方坦诚相见，就一定能打动对方的心灵。顾客不是为你的推销技巧所感动，而是为你的高尚人格所感动。如果成为让顾客信任的销售人员，你就会受到对方的喜爱，而且能够和顾客形成亲密的关系。一旦形成这种关系，顾客就会自然而然地购买你的产品。

一个销售员能成功，很多时候并不在于他能滔滔不绝地吹嘘自己，而是他能为客户着想，关心客户的利益，用自己的真诚换来了客户的信任。其实，在这个世界上并没有绝对的正确和绝对的错误，有的只是一个人所站的立场不同。只有你认为对，这个世界就是对的。因此在与客户交谈的过程中，销售员要经常站在客户的立场去为他说几句话，经常主动地去理解客户，真诚地认同客户的话。即使客户的观点有点不符合事实，销售员也不需要仅仅凭借自己的主观意见去指责或说客户的不是。只有当我们真诚地关注客户时，我们才能获得客户的关注。客户也会为你的真诚所打动，从而愿意购买你的产品。

真诚地关心你的客户

销售人员推销的不仅仅是产品，还有对客户的人情关怀。对客户给予的关心越多，越容易被认可。尤其是当客户遇到困难时，销售人员一定要站在客户的角度想一想，及时地表达自己的关心和体谅，让对方感到你的真诚。

《世界最伟大的销售员》一书中有这么一段话："我要爱所有的人。仇恨将从我的血管中流走。我没有时间去恨，只有时间去爱。现在，我迈出了成为一个优秀的人的第一步。有了爱，我将成为伟大的销售员，即使才疏学浅，也能以爱心获得成功；相反地，如果没有爱，即使博学多识，也终将失败。"可见，销售成功并不完全取决于技巧，有时，只要你拥有一颗爱人之心就可以了。

某一个下雨天的下午，有位老妇人走进斯坦福的一家百货公司，漫无目的地在公司内闲逛，很显然是一副不打算买东西的态度。大多数的售货员只对她瞧上一眼，然后就自顾自地忙着整理货架上的商品，以避免这位老太太去麻烦他们。其中一位年轻的男店员看到了她，立刻主动地跟她打招呼，很有礼貌地问她，是否有需要他服务的地方。这位老太太对他说，“我什么也不需要”，即使如此，男店员也表现得对她很欢迎。他主动和她聊天，以显示他确实欢迎她。当她离去时，这个年轻人还陪她到街上，替她把伞撑开。这位老太太向这个年轻人要了一张名片，然后径自走开了。

后来，这位年轻人完全忘了这件事情。但是，有一天，他突然被公司老板召到办公室去，老板向他出示一封信，是一位老太太写来的。这位老太太要求这家百货公司派一名销售员前往苏格兰，代表该公司接下一所豪华住宅的装潢业务。

这位老太太就是美国钢铁大王卡内基的母亲，也就是这位年轻店员在几个月前很有礼貌地护送到街上的那位老太太。在这封信中，卡内基夫人特别指定这个年轻人代表公司去接受这项工作，交易的金额十分巨大。

是什么让这个年轻人获得了这样一个机会，是他对客户的关心。戴尔·卡耐基说：“时时真诚地去关心别人，你在两个月内所交到的朋友，远比只想别人来关心他的人在两年内所交的朋友还多。”一名好的销售人员应关心他人，并试图让别人快乐。如果你能让顾客或潜在的顾客感觉到，你是真心喜欢他们，关爱他们，也很敬重他们，那么你的销售将会无往不胜。

在销售过程中，销售人员必须认识到客户渴望得到关注的心理，并且要在沟通过程中适时适度地表达对他们的关心和体贴。

一次，王华从北京飞到伦敦去参加一个重要的会议，在飞机上他不小心弄脏了自己的衬衣，所以下飞机后王华决定先去买一件衬衣换上，这样不至于让人以为他是一个邋遢的人。在一家商场的服装部，王华很快挑选了一件合体的衬衣，并付好了钱，准备离开。这时，服务小姐叫住了他。

“先生，看您的穿着，一定是要出席某种重要的场合吧？”

“的确是这样！”他微笑地回答着，但并没有表现他对她提问的疑惑。

“先生，如果是这样，我认为您需要清理一下您的皮鞋，这一定会令您更加神采奕奕的。”她始终保持着微笑，“我们这里有免费的擦鞋机，如果你需要的话，我可以带您去。”

这真是一个意外的惊喜，而在这之前他从来没有考虑过，参加这样的会议，他的鞋子是否应该清理一下。

就是这么一个细心而温暖的细节打动了王华，以至于他每次都会举这个亲身经历的例子来告诫自己的员工。

可见，销售人员付出真诚，让客户感受到你的关心，就能赢得客户。所以，任何一位不愿意失去成交机会的销售人员都要拥有一颗爱人之心，努力营造彼此友善相处的良好沟通氛围，这样才会在销售中战无不胜。

爱是这个世界所有的人都无法拒绝的。销售人员在事业的拓展中，对待客户要有爱心，也许客户会拒绝你的产品，但不会拒绝你的爱心和关心。人们常说：“爱心有多大，事业就可以做多大。”所以说，销售人员必须是充满爱心的人，你要爱你的产品、爱你的客户，这样你才能得到客户的回报。对客户和周围事情冷漠、无动于衷的人，是当不了销售人员的。人人都需要关心，如果你还没有开始关心客户，那么就从现在开始吧，因为关心永不言迟。

情感效应：用真心来融化客户心中的坚冰

销售从表面看来不过是商品和货币的交换过程，仅仅存在着商家和客户的买卖关系。其实，并非如此简单。很多时候，销售人员销售的不是商品而是情感。这就涉及了“情感”的心理价值，在心理学上叫作“情感效应”，即在与人交往过程中，用情打动对方更加能够让对方折服或是让对方成为知己，某些时候情感比利益更加容易打动人。“情感”这种因素是不可见的、无形的价值，附着在一个产品或服务上，使产品或服务从客户的角度看起来和感觉起来更有价值。

从某种角度上说，销售其实是一项情感性工作。因为销售的重点就是赋予产品生命力，让产品与客户建立情感联系，进而使客户爱上这个产品。所以说，情感就是销售过程中的催化剂。客户对产品的情感，源自客户对产品的满意，要让客户觉得满意，销售人员就要对客户持续不断、细致入微地关心。

药店是一个极不容易招揽回头客的商店，因为人们只有生病了才会想到上药店去买药，病好了也就自然把药店给忘掉了。日本千什县有一家石井药房，在办公室的墙壁上钉了31只空药盒，每一个盒子上都标上了日期，每天来药店买药的顾客都会留下病历卡（病历卡上都写有患者的出生年月日），石井药房就是根据这些病历卡上病人的资料得知了每一个顾客的生日，然后按月、日顺序详细整理、记录下来。他们为每一个顾客准备了一张贺卡，在上面写着：“您的健康是我们最大的心愿。

如果您完全康复了，请告诉我们一声；如果您不幸仍需要用药，也请告诉我们一声，我们将竭诚为您服务。”如此充满温情与亲切的问候语被按当月不同的日期分别投入药盒内，并且在顾客生日的前一天寄出去。这样，顾客都会在生日的当天收到这张让人深受感动的贺卡。当然，顾客所收到的不仅仅只是感动和关怀，病愈的顾客会不由自主地记住这家药店的大名，那么下次生病了，就会再次光顾；对于尚未痊愈的顾客来说，自然也会以它作为买药的首选店，而且他们能够成为此家药店的“义务宣传员”呢！

唐朝大诗人白居易说过：“动人心者莫先乎情。”人非草木，孰能无情？唯有才能感人至深。因而，人在特定的条件下，产生不同的情绪会诱发和左右不同的行为。在营销活动中，那些精明的商家总是想方设法激发客户的情感，以情感俘获客户的心。的确，如果货色质量相差无几，服务态度又平分秋色，价格也在伯仲之间，顾客以什么作为选择的标准呢？这时如果其中的一个商家令顾客感到亲近，就会成为首选对象。

纵观在销售中成功的商家无一不是在“情感”上做文章。可口可乐公司太平洋集团公司总裁约翰曾讲过一句耐人寻味的话：“可口可乐并不是饮料，它是一位朋友。”正因为可口可乐公司拥有远见卓识的经营哲学，奉行了成功的情感渗透策略，才使可口可乐成为一代霸主。人们所以欢迎“情感销售”，就是因为商家把商业行为用浓浓的人情味巧妙地包装起来，千方百计地满足客户的合理需要，务求拨动客户的心弦。

在销售的过程中，客户从产生购买愿望到实现其购买行为，是由多种因素促成的，而精神因素时常起着决定性的作用。如果企业的各种生产经营行为都能从“情”字切入需求，找到企业与客户的情感沟通的纽带，进行准确的定位和有分寸的“切入”，使客户持续不断地感受心灵的冲击，即能潜移默化地影响客户的心理，从而全力激发其潜在的购买意识，达到“润物细无声”的巧妙作用。

乔伊·吉拉德是美国汽车推销大王，他认为在推销中重要的是“要给客户放一点感情债”。

他的办公室通常放着各种牌子的烟，当客户来到他的办公室忘记带烟又想抽一支时，他不会让客户跑到车上去拿，而是问：“你抽什么牌子的香烟？”听到答案后，就拿出来递给他。这就是主动放债，一笔小债，一笔感情债。一般客户会感谢他，从而形成友好洽商的气氛。

有时，来的客户会带着孩子。这时，推销大王就拿出专门为孩子们准备的漂亮的气球和味道不错的棒棒糖。他还为客户的家里人每人准备好了一个精致的胸章，上面写着：“我爱你”。他知道，客户会喜欢这些精心准备的小礼物，也会记住他的这一片心意。

他说，我交到他手里的任何一样小东西，我交到他家人手里的任何一样小玩意儿，都会使他觉得对我有所亏欠，他欠下了我的一份情。这就是我给他的感情债，不太多，可是有这么一点点就足够了。

吉拉德创造的是一种有节奏、有频率的“放长线钓大鱼”的促销法。他认为所有已经认识的人都是自己潜在的客户，对这些潜在的客户，他每年大约要寄上12封广告信函，每次均以不同的色彩和形式投递，并且在信封上尽量避免使用与他的行业相关的名称。

1月份，他的信函是一幅精美的喜庆气氛图案，同时配以几个大字——“恭贺新禧”，下面是一个简单的署名：“雪佛兰轿车，乔伊·吉拉德上。”此外，再无多余的话。即使遇上大拍卖期间，也绝口不提买卖。

2月份，信函上写的是：“请你享受快乐的情人节。”下面仍是简短的签名。

3月份，信中写的是：“祝你圣巴特利库节快乐！”圣巴特利库节是爱尔兰人的节日。也许你是波兰人，或是捷克人，但这无关紧要，关键的是他不忘向你表示祝愿。

然后是4月、5月、6月……

不要小看这几张印刷品，它们所起的作用并不小。不少客户一到节日，往往会问夫人：“过节有没有人来信？”

“乔伊·吉拉德又寄来一张卡片！”

这样一来，每年中就有12次机会，使乔伊·吉拉德的名字在愉悦的气氛中来到这个家庭。

乔伊·吉拉德没说一句：“请你们买我的汽车吧！”但这种“不说之语”，不讲推销的推销，反而给人们留下了最深刻、最美好的印象，等到他们打算买汽车的时候，往往第一个想到的就是乔伊·吉拉德。

乔伊·吉拉德的经验证明了这样一个道理：客户不仅是来买车辆，而且还买态度，买情感的。

从某种角度上说，销售其实是一项情感性工作。因为销售的重点就是赋予产品生命力，让产品与客户建立情感联系，进而使客户爱上这个产品。所以说，情感就是销售过程中的催化剂。客户对产品的情感，源自客户对产品的满意，要让客户觉得满意，销售人员就要对客户的持续不断、细致入微地关心。

美国推销大王乔·坎多尔福曾说过：“推销工作的98%是感情工作，

2% 是对产品的了解。”凡是销售活动，都是人与人的交往，而人又是最有感情的。因此，销售员在向客户推销商品的整个过程中，都可以充分利用情感这个有利因素。运用得好，可以拉近彼此的心理距离，顺利地推销商品。

“礼”到万事成，小礼物有大作用

“礼多人不怪”，这是古老的中国格言，它在今天仍有十分实用的效果。《礼记·曲礼上》说：“礼尚往来，往而不来，非礼也，来而不往，亦非礼也。”这正是中国人对礼的认识的真实写照。小小的一个“礼”字，在生活中常常起着“润物细无声”的作用。

对销售人员来说，赠送客户礼品主要是向客户表示感谢，同时又巩固、加强了公司与客户之间已有的良好关系。据一次调查显示，在赠送商务礼品的公司中有 47% 的回答是“有效果”或“很有效果”，另外 39% 的公司认为至少“有点效果”，只有 2% 的公司认为送礼毫无益处。可见，礼品是销售人员与客户之间的润滑剂。

销售员郑鑫与一个企业的业务经理取得了联系，通过第一次交流，郑鑫了解到了两个重要信息：一是这位经理有个上初中的女儿，并且他非常爱他的女儿；二是他自己没有多少电子商务的知识，想学习又没有学习的渠道。

于是在第二次去拜访的时候，郑鑫一口气买了七本有关电子商务和网络营销方面的书籍打算送给经理。当郑鑫从包里取出书递给他的时候，郑鑫看到了写在他脸上的惊讶和感动……

第三次去时已经是临近春节了，中间因为经理经常外出考察等原因，一直也没有机会再沟通。这次去，郑鑫带了一个价值四百元的快译通电子词典去，给他的孩子提供一点帮助。当郑鑫把电子词典递给经理的时候，那位经理同样感动万分……

经过两次接触，他们成了朋友。书和电子词典应该算不上什么礼物，但的确是郑鑫的一片心意，除了业务原因，郑鑫更愿意以朋友的身份来看待这两份小礼品。当然，合同也就签下来了。

一些有经验的销售员在拜访客户时都会向他们赠送小赠品。小赠品的价值不高，却能发挥很大的效力，不管拿到赠品的客户喜欢与否，当他们感受到了别人的尊重时，内心的好感必定油然而生。

一次，某市一家卖装载机、挖掘机的经销商和一位客户谈生意，谈了几次都没谈成，最后却因为一件礼品打动了客户，使客户同她签了几十万元的订单。什么礼品这么有威力？是两套西服！

原来，她和客户谈生意时发现客户身高二米多，马上想到如此身高的人，裤子肯定难买。于是，她在当地服装厂定做了两套西服送给客户。客户接过西服时很感动。对几十万元的生意来说，两套西服并不贵重，但表达了对客户真诚的关心，这就是好礼品！

无独有偶，有一家公司的一位大客户被公司的销售员得罪了，该销售经理想挽回这个客户，就带着礼品去拜访，结果受到客户的冷遇。正尴尬时，他发现客户的书架上摆放着许多石头，顿受启发。

第二天，他派出两名女工到小浪底捡了一些别样的石头。当他把石头拿出来时，客户顿时两眼放光。石头不值钱，但对喜欢收集石头的人来说，这是世上最好的礼品了。

看来送礼真的非常有用的，只要找到客户的喜爱，你送的礼品正好如他心意，那么你就成功了。所以，要做好这一点，你就要把握好客户的心态，知道对方是一个什么样的人，在业务往来中对方的位置和重要性，然后再有针对性地给对方送礼，相信一定可以达到事半功倍的效果。

实际上，送礼给客户是一种情感维系的手段，销售员的那些小礼物和客户所拥有的财富比起来，只能算是小巫见大巫。销售员应当明白，客户想要的并不是礼物，而是在礼物中所蕴含的情感。因为礼物可以用金钱买得，而情感却不能。

一般说来，赠送客户礼品，礼品不在大小，贵在让客户明白你心中有他。既要表达公司的谢意，又不至于使接受礼品者尴尬。否则的话，你的客户会觉得像是收了什么贿赂礼物，而且有可能认为你想收买他。

究竟如何赠送客户礼品，要把握以下原则：

1. 根据不同的客户，选择不同价值的礼品。

2. 根据客户的趣味不同，精心挑选礼品。

3. 选择最佳赠送礼品的时机，给客户留下更深的印象。

4. 赠送的礼品要品质优、适用性强，经久耐用。

5. 最好让礼品更具有私人性、专一性。

6. 礼品的包装要精致美观，吸引人。

7. 根据礼品用途选择不同的赠送场合。

总之，客户是销售员的衣食父母，给客户送礼的意义无须赘言，许多销售员就这样用礼品战术打动了客户，关键是要做到选对礼、送对人、送得巧、送得妙并不容易，搞不好会弄巧成拙。

为客户着想，赢得信赖

在销售的过程中，销售人员应该把客户当作与自己合作的长久伙伴，而不是时刻关注怎样最快地把商品卖给客户。销售人员只有把客户的问题当作自己的问题来解决时，才能取得客户的信赖。因为，适当地为客户着想，会使销售人员与客户之间的关系更趋稳定，也会使他们的合作更加长久。

一位推销员打电话给他的客户说："您好，王总，现在我要为您提供一项服务，这是其他人无法替您设想的。"

"究竟是什么服务？"王总不解地问。

"我可以为您供应一货车石油。"

"我不需要。"

"为什么？"

"因为我没有地方可以放啊！"

"王总，如果我是您的兄弟，我会迫不及待地告诉您一句话。"

"什么话？"

"货源马上便会很紧缺，那时您将无法买到所需要的油料，价钱也将上涨，我建议您现在买下这些石油。"

"我现在用不上，而且我真的没地方可以放。"

"为什么不现在租一个仓库呢？"

"还是算了吧，谢谢你的好意。"

半个小时过后，这个推销员接到王总的电话，王总说："我已经租好了一个旧车库，能存放石油，请将石油送过来吧！"

在销售的过程中，要时刻站在客户的角度去想，让客户时刻感觉到你的"偏向"和特别照顾，感觉到你是他们的自己人，只有这样，才会对你所要销售的商品和你本人感兴趣。最适用的一点就是为客户提供能够为他们增加价值和省钱的建议，这样销售人员才能够得到客户的欢迎。要做到时时刻刻为客户着想，站在客户的立场上来看待问题，销售人员就先不要考虑将从中得到的利润，要考虑怎样才能够让客户省钱，帮助他们以最少的投入获得最大的回报。

李浩是一名非常优秀的食品推销员，他拥有自己的营销网络。有一天，他到老客户王先生的商店去推销一种新产品。

见到王先生后，他刚想说"王先生，我们又生产出一些新产品"的话来开始他们的销售谈话，但他马上意识这样说是错误的。于是，他改口说："王先生，如果有一笔生意能为您带来一万元盈利，您会不会感兴趣？"

"我当然感兴趣了，你说吧！"王先生非常高兴地说。

"今年秋天，香料和食品罐头的价格最起码上涨20%，不知您是否了解这个信息，"在王先生摇头之后，他接着说，"我已经为您算了一笔账，这是您能够出售多少香料和食品罐头的数量。"

李浩边说边把一些数据记在了纸上。多少年来，他对顾客的生意情况了如指掌，这一次，他又轻松得到了王先生很大的一笔订货，都是香料和食品罐头。

当销售人员能够为客户提供有价值的信息时，客户就会为销售人员着想。无论何时，要获得对方的认同，就要先为对方着想，关心对方的利益，只有如此，销售人员和客户才能成为最佳的合作伙伴，获得利润上的双赢。

"主动地为客户着想，客户才会为你着想"。相信很多企业和从事市场销售的人员看到这个观点都会深有感触。只有站在客户的角度为客户着想，才是企业生存之根本。

客户想要什么？客户需要什么？特别是一些小细节上面，细微之处见实力。要了解客户的消费心理，了解客户的感情，和客户打成一片，处处为客户着想，让客户有一种家的感觉。只有这样才会有更多的客户，只有这样我们的事业才能在竞争中立足。企业如此，销售人员亦如此。

销售人员不仅是企业的代表，也是消费者的顾问。平时要想客户之所想，急客户之所急，不辞劳苦，积极为客户服务。为此，一个成功的销售员应时时把客户的利益放在第一位，替客户着想实际上也是在替自己着想。

站在客户的立场，处处为客户着想，首先就要假设自己是客户。假设自己就是客户，你想购买怎样的产品和服务？自己真正需要的是什么？会如何要求售后服务？这样就能让自己站在客户的立场去看待问题。

销售员站在客户的立场上，就比较容易抓住销售的重点。事实上，大多数销售员对客户所持的态度，与我们所要求的设身处地为客户着想相比，还有很长一段距离。他们最典型的态度往往是："对于客户为什么要购买那些产品或服务，对此一点也不感兴趣。重要的是，客户买了产品或服务，而我则拿到了钱。"如此心态，能够培养忠实购买你的产品的回头客吗？显然不能！要想取得客户的信任，关键是要让客户感受到你为他服务的良好态度，是否处处为客户着想，是否站在客户的立场上去看待问题，帮助客户去解决问题。在与客户交往的过程中，要特别注意的就是设身处地地为客户着想，在为客户提出任何意见和建议时，都要告诉客户这样做对他的好处。

一家公司想做一个10平方米的大屏幕，找到一家电器公司为他们定做。销售员经过具体测量后，告诉他们做“10平方米”不太好，只能做“8平方米”，否则视觉效果会不好。别人说这个销售员很傻，客户想做大一些还不好？做大一点就多赚钱。可这个销售员却是这样想的：如果我没有说“不”，而是按照他们的要求做了“10平方米”，安装完毕后如果他们觉得不对，我一句话就可以糊弄过去：“当初是你们要做10平方米的啊。”可即使我这么开脱，他们嘴上不说，心里也会觉得是我坑了他们，因为我是专业人士，应该站在他们的立场上，给他们提出中肯的建议。

可以说，能为客户着想，是销售的最高境界。当客户意识到销售人员在想方设法、设身处地地给他提供帮助时，他会很乐意与其交往，更乐意与其合作。所以，在销售的过程中，只要销售人员能够站在客户的立场上为他们的利益着想，并真诚地与他们进行交流，就会赢得他们的信赖，并使之成为长期而牢固的合作者。

先交朋友，后做生意

销售工作是一个需要广泛人际关系的工作，一个优秀的销售员就是一个交际高手。作为一名销售员，如果你拥有广阔的人际关系，就等于拥有了一笔不容忽视的潜在财富。

在人际交往和认知过程中，人们往往存在一种倾向，即对于与自己友好的对象，会更加乐于接近，把他视为自己的朋友。一旦成为朋友，双方会更加容易发现和确认对方值得自己肯定和引起自己好感的事情，不断巩固并深化自己对对方已有的积极性评价。在这一心理定式的作用下，朋友之间的相互交往与认知必然在其深度、广度、动机、效果上，都会超过非朋友之间的交往与认知。销售工作也要受上述规律的支配，如能和客户成为朋友，对于自己的事业无疑是十分有益的。

美国有一家著名的直销公司。有一次，这家公司要派一位精明能干的销售员去开拓一个新市场。可是，公司里没有一个人在那个地方有熟人。就在大家一筹莫展之际，一个刚来公司上班的销售员请求去开拓新的市场，他的名字叫杰克。杰克的举动让大家觉得他自不量力，但杰克还是毅然决定前往。

杰克带着行李，在同事们怀疑的目光中，坐上了飞机。一坐上飞机，杰克就向空姐咨询自己将去的那个城市的情况，并且跟空姐聊了起来。在聊天的过程中，他们渐渐地成了朋友。空姐的男朋友也在杰克要去的那座城市，因此，空姐把她男朋友的电话号码告诉了他。在飞机飞到一半时，杰克又和座位两边的乘客攀谈了起来，并且成了朋友。

由于杰克开朗热情、乐于助人，当他下飞机时，他手机里已经添存了十几个电话号码。

下了飞机后，杰克便住进了宾馆。在宾馆里，杰克很快又与值班经理成了朋友。在拥有这么多朋友的情况下，经过两个多月的努力，杰克的销售业绩呈直线上升。公司领导对他的销售业绩感到十分满意，便破格提拔他为大区销售经理。

从上面这个故事中，我们明白了一个道理：人脉对于想要追求事业成功的人来说，往往就意味着机遇。一个朋友，甚至是一个初次相识的朋友，他带给你的也许就是你命运的转机。人际关系是宝贵的办事资源，作为销售员，你很多时候都可以凭借着良好的人际关系推销产品，这不仅能轻松地推销出你的产品，还能结交更多的朋友。相反，如果你不擅长运用人际关系，交际圈子狭小，性格孤僻内向，那么你就很难将你的产品推销出去。

销售工作不只是单一的商务往来，它还伴随着人情。从某种意义上说，与你生意往来的对象也不仅仅是客户，他们同时也是你的朋友。如果你能把客户当作朋友那样对待，做足了人情，客户自然情动于衷而后发乎于外，你还愁生意不到手吗？

吉田是日本一家保险公司的推销员。一天，吉田正要去车站搭车，可是人一到月台，电车正好开走，而下一班车还得再等20分钟。吉田突然看到月台对面有一块医院招牌，于是吉田大步来到这家医院，才到门口，便凑巧撞上穿着白衣的医生。吉田一时头脑反应不来，便劈头直说："我是保险公司的吉田，请你投保！"

遇上这么一位冒失的推销员，医生一时间哑口无言。可是当时正巧看诊到一个段落，这医生对吉田的单直入产生了兴趣。

"这么简单就要人投保呀？有意思，进来聊聊吧。"

进了医院，吉田将平时学会的保险知识全盘托出，最后还加了一句："我正要从上贺茂开始，一直拜访到伏见。"（注：上贺茂位于京都北侧，伏见位于京都南侧）结果医生说："哇，我再不快卷铺盖逃命，我的老命也不保了，哈哈哈哈……"

虽然医生幽默开玩笑说要逃命，其实他早已买了好几份保险，也知道吉田还是保险推销的新手。可是看在吉田态度认真的份上，说出了心里话："保险实在高深莫测，说实话，我已经保了五六张，每次都被保险推销员说得天花乱坠，可事后心里还是一塌糊涂，这里我有两张保单，就当是学习，给你拿回去，评估评估好了。"

拿了保单，吉田充当医生的家人，分别拜访了医生投保的公司，确认保单的内容，然后制作了一本图文并茂的解说笔记，又用笔画下重点，好让医生容易了解。

当医生把解说笔记交给他的会计师看时，会计师极力称赞这份评估报告，而且还当面建议医生要买保险就最好向吉田买，结果，医生就正式要求吉田为他重新组合设计他现有的那6张保单。

于是吉田根据医师的需求，将原本着重身后的死亡保险，转换为适合中老年人的养老保险与年寿保险。对吉田来说，这位医生客户不但为吉田带来一份高达8000万日元的定期给付养老保险契约的业绩，同时也给了她一次难得的比较各家保险公司保险商品的机会。

后来，这位医生又将吉田介绍给几位要好的医生朋友。这几位医生，也都请求吉田介绍他现有的保单。吉田也不厌其烦地为他们制作解说笔记，详细记录何时解约会得到多少解约金、不准时缴费的结果、残废后的税赋问题等等。就这样，吉田获得了更多医师的认可。

随后，吉田不断运用由一个朋友到一批朋友的方法扩大现有的市场，同时努力保持良好的交往。因为与客户相处和交往融洽，有些客户就会以"回馈一张保单"的方式，向吉田表达谢意，并且再为她介绍几位新客户，使她的业绩一直保持着最高纪录。

吉田因此成了年轻的百万富翁。

俗话说："朋友多了路好走。"无论做哪一行，都要先交朋友，后做生意，先赚人气再赚财气。这样，可以尽可能地减少商业摩擦和阻力。其实这就是商场上的政治学。能够正确处理好与客户之间关系的高手，往往能够在商场中长袖善舞，并能游刃有余地处理关于客户的各种复杂关系，从而广结善缘、广揽合作，进而广开财路、广辟财源。

先交朋友，再做生意。这并非刻意拉拢，而是以心换心。你真心待人，别人自然也会真心待你。当你真心把客户当成朋友，彼此倾吐肺腑之言，互相体恤爱护，那么朋友也成了，生意自然水到渠成。

我们要和客户交友，需要以诚相待。销售的过程，其实就是人与人之间的心灵沟通的过程。因此，想要交易成功，仅仅依靠语言等肤浅的技巧是远远不够的，我们还要学会把握客户的心理，迎合客户的兴趣，用真诚来打动顾客，使他对你产生信赖感，视为自己的朋友。

真心实意为客户做好服务

销售服务是整个销售活动中不可缺少而又极其重要的组成部分。在购买产品时得到热情周到的服务是顾客的普遍心理，所以销售活动具有重要而深远的意义。

成功销售的关键是要让顾客满意，给顾客真诚的服务。作为一个销售人员，必须抱着一颗真诚的心，诚恳地对待客户，只有这样，客户才会尊重你，把你当作朋友。

顾客的需求不断变化，销售的服务永无止境。销售人员只有全力为顾客服务，才能满足顾客的需求；只有让顾客的需求得到满足，销售人员才能实现自己的销售业绩。如果销售人员功利心太强，一味追求销售结果，往往事与愿违。

一个炎热的午后，一位身穿汗衫、满身汗味的老农伸手推开汽车展示中心的玻璃门，一位笑容可掬的小姐马上迎上来并客气地问："大爷，我能为您做什么吗？"

老农腼腆地说："不用，外面太热，我进来凉快一下，马上就走。"

小姐马上亲切地说："是啊，今天真热，听说有37度呢，您肯定热坏了，我帮您倒杯水吧。"接着，她便请农夫坐在豪华沙发上休息。

"可是，我的衣服不太干净，怕弄脏沙发。"农夫说。

小姐边倒水边笑着说："没关系，沙发就是给人坐的，否则，我们买它做什么？"

喝完水，老农没事便走向展示中心内的新货车东瞧西看。

这时，小姐又走过来问："大爷，这款车很有力，要不要我帮您介绍一下？"

"不要！不要！"老农忙说，"我可没钱买。"

"没关系，以后您也可以帮我们介绍啊。"然后，小姐便逐一将车的性能解释给老农听。

听完，老农突然掏出一张皱巴巴的纸说："这是我要的车型和数量。"

小姐诧异地接过来一看，他竟然要订10辆，忙说："大爷，您订这么多车，我得请经理来接待您，您先试车吧……"

老农平静地说："不用找经理了，我和一位合伙人投资了货运生意，需要买一批货车，我不懂车，最关心的是售后服务，我儿子教我用这个方法来试探车商。我走了几家，每当我穿着同样的衣服进去并说没钱买车时，常常会遭到冷落，这让我有点难过，只有你们这里不一样，你们知道我‘不是’客户还这么热心，我相信你们的服务……”

销售人员成功的道路，只有一条，便是在“服务”上下功夫。顾客的心理，是怕麻烦的，更怕陌生的销售人员。一旦客户和你建立了关系，便一面倒地信任你。

如果你提供的服务是合理的话，就算价钱贵些，他也乐意和你的公司继续进行交易。所以一个优秀的销售人员，一定要努力注意服务态度，务求使客户满意。凡是满意的客户，都会在最短的时间内，将你的好处向不同的人讲述，这便是口碑。这样传下去，生意便能做得顺利。

这主要是因为你提供了好的服务，客户便会将你看作朋友。他会对人说他有位朋友在该处工作，往往一句话，便将你由销售人员的地位转变成了一名专家。所以，我们要给客户提供好的服务，只有客户感到满意了，你才会得到应有的回报。

王小姐是一家商场的售货员，她工作十分勤劳，赢得了经理的一再表扬，并拥有一大批老客户，这主要是因为她为客户提供了优质的服务。

一次，一位老大爷要从她这儿买个热水瓶，其实，一个热水瓶才多少钱？而王小姐却十分耐心地给这位老大爷讲解热水瓶的使用方法，注意事项。王小姐甚至拿了一个热水瓶，将里面装上水，给这位老大爷当场示范。

老大爷连连点头，并赞扬了王小姐的服务态度，向王小姐保证，他以后只来这儿买东西，哪儿也不去。王小姐心中当然高兴了，并向老大爷说：

“大爷，以后这东西如果出现问题，就叫我去给你维修，这是我们公司的电话号码。”王小姐把电话号码抄给了老大爷。

老大爷高兴地回了家，到家后，他一传百、百传千地帮助王小姐宣传。这样，该商场收到了巨大的效益，并拥有了一大批老客户。

服务态度是构成销售服务的最重要、最基本的内容。服务态度的好坏直接影响着销售人员在销售过程中是否能够成交，同时也影响着企业的经济效益和声誉。如果销售人员以恶劣的态度横眉冷对，会给顾客留下不良印象，从而令顾客对该企业及产品望而却步。同时，一个不满意的顾客能带跑一批满意的顾客。一旦顾客的不满意没有得到积极的反应，他们就会迅速扩展他们的抵制情绪。反之，如果顾客感受到自己真正受到了关注，他们也会为企业义务宣传，无形之中促进企业产品的销售，为你的成交起到积极的推动作用。

第五章

心理迎合：轻松搞定你的客户

察言观色，看清客户的态度

俗话说："出门看天色，进门看脸色。"所谓察言观色，意思是说一个人要经常观察他人的言语脸色，揣摩他人的意图，做到有的放矢。

察言观色是了解他人的窗口。在销售的过程中，如果你的观察能力强，能够很好地察言观色，就可以做到知己知彼，促进销售。

通常，销售人员与客户都要进行面对面的交流，所以在沟通中一定要注意客户的言行举止。其实，这也是一件难度非常大的事，要从客户的神态中看出客户现在在想什么，要从客户说话的口气中听出客户的意向有多大，还真需要点功夫。

小谢是一家打字机公司的销售员。有一位顾客来询问打字机的性能。他介绍道："新投放市场的这类机型的打字机采用电动控制装置，操作时按键非常轻巧，自动换行跳位，打字效率比从前提高了15%。"

他说到这里略加停顿，静观顾客反应。当小谢发现顾客目光和表情已开始注视打字机时，他觉得进攻的途径已经找到，可以按上述路子继续谈下去，而此时的论说重点在于把打字机的好处与顾客的切身利益挂钩。

于是，他紧接着说："这种打字机不仅速度快，可以节约您的宝贵时间，而且售价比同类产品还略低一点！"

他再一次停下，专心注意对方的表情和反应。正在听讲的顾客显然受到这番介绍的触动，心里正在思量："既然价格便宜又可以提高工作效率，那它准是个好东西。”

就在这时，小谢又发起了新一轮攻势，此番他逼得更紧了，他用聊天拉家常的口吻对顾客讲道：“先生看上去可是个大忙人吧，有了这台打字机就像找到了一位好帮手，工作起来您再也不用担心时间不够了，下班时间也可以比以前早，这下您就有时间跟太太常在一起了。”小谢一席话说得对方眉开眼笑，开心不已。

小谢一步步逼近顾客的切身利益，抓住对方关心的焦点问题，成功地敲开了顾客的心扉，一笔生意自然告成。

从这个真实的销售场景中，我们可以发现，小谢是一个特别会察言观色的销售员，他在介绍打字机优点的时候，捕捉到客户的目光已经开始注视打字机了，于是他立即知道客户已经有些动心了。接下来，他用“这种打字机不仅速度快，可以节约您的宝贵时间，而且售价比同类产品还略低一点”这句话，巧妙地将购买打字机的好处与客户的切身利益挂钩。等客户更加心动的时候，他发起更紧迫的攻势，一步步逼近客户的切身利益，让客户觉得不买都对不起自己了，销售也就大功告成了。

其实，每个人在与别人进行交流的时候，他的表情、动作都会向对方传达很多的信息，所以，销售人员一定要学会如何察言观色，听懂客户每一句话的含义，看客户的脸色行事。

“脸上表情，天上的云彩。”成功的销售员具有察言观色的本领，他们能够根据对方的言行举止、喜怒哀乐等来分析自己的言行是否合理。这样的销售员往往比一般的销售员具有更强的适应性，至少他们不会在客户高兴时，泼一盆冷水，弄得大家不欢而散，更不会在客户愤怒时，出言不逊，惹祸上身。

肯尼迪是公司里有名的铁嘴，在大学的时候，他还是学校里辩论社的社员，以校选手的身份参加过几次国家级的辩论赛，每次都被评为了最佳辩手。因此他选择了销售这一行业，他想把他的能说会道好好地利用起来。正是他的这种能力，使得他在公司的销售业绩一直都名列前茅。

但是就是这样的名嘴,也有过一次因说话不得体而失败的销售经历。那一次，肯尼迪去拜访一位客户，但是那位客户住在第15层楼。那一天，当他来到客户的那栋楼的时候，停电了。电梯不能使用，于是他不得不爬上15楼。由于以前习惯了坐电梯，突然爬这么高的楼令他上气不接下气。他好不容易爬上15楼，按响了客户的门铃。来开门的是一位先生，肯尼迪坐定之后，开始和客户唠家常。突然他们就把话题转移到了停电这一件事上来了，肯尼迪一听停电就来气，害得自己爬15层楼。说着说着，肯尼迪突然冒出一句："你们家的楼层可真高，差点让我趴下了。"

一听这话，客户的脸色突然就变了，肯尼迪马上意识到自己说错了话。可不管他怎么解释，客户还是要他尽快离开房间。

就这样，一笔生意飞了。

由此可见，不会看客户脸色说话，就会惹怒客户，销售也无从谈起。

你的话语在客户那里有怎样的反应，这种反应就会显示在客户的脸上，因此，销售员在与客户谈话过程中，要学会观察客户脸色，要注意说话技巧。

有位心理学家曾讲过："在世界的知识中，最需要学习的就是如何洞察他人。"在实际销售中，销售员既要察言，又要观色，把它们结合起来，这对提高销售业绩十分重要。如果销售员能察言观色，及时地改变先前的决定，及时地退或进，及时地把自己的言行组合或分解，及时地控制自己的喜怒哀乐，那么，与客户的关系一定会更加和谐。

涉水要懂水性，销售要摸清客户的脾性

性格是人在长期社会活动中形成的相对稳定的在对人、对事的态度和行为上的突出特点，如：勇敢、刚强、懦弱、粗暴等。不同性格的人在沟通方式上差异较大，销售员必须分清客户的性格类型，才能找出与之相适应的沟通方式。

在《谏论》中有一个很有趣的故事：

有这么三个人，一个勇敢，一个半勇敢半胆小，一个人完全胆小。有一次，苏洵将这三个人带到渊谷边，对他们说："能跳过这条渊谷的才称得上勇敢，不然就是胆小。"

那个勇敢的人以胆小为耻辱，认为自己必然能跳过去，那个一半勇敢一半胆小和完全胆小的人不可能跳过去。

他又对这剩下的两个人说："能跳过这条渊谷的，就奖给他一千两黄金，跳不过则不给。"

这时，那个一半勇敢一半胆小的人跳了过去，而那个完全胆小的人却还是跳不过去。

突然，来了一只猛虎，凶猛地扑过来，这时，你不用问，那个完全胆小的人也很快地跳过渊谷，就像跨过平地一样。

从这个故事可以看出，要求三个人去做同一件事，却需要用三种不

同的条件来激励他们。如果只用同一种条件，显然是不能使三个人都动心的。销售也是如此，对不同的客户要采取不同的态度和方法。平庸的销售人员总是会按照自己的性格与客户打交道，而优秀的销售人员总是会利用顾客的性格进行沟通。

性格无对错之分，无优劣之分，但可以肯定的是，任何性格都会有弱点，都会有所喜好、有所厌恶。如果不能对客户的性格进行充分的把握，沟通就会变得极其困难。因此我们一定要在如何利用客户性格上下足功夫。

美国心理学家弗洛伦斯·妮蒂雅把人们的性格分成了四种基本类型，即活泼型、完美型、力量型与和平型。一个人可能同时具备四种类型中的某些特质，但通常会偏重其中一类或两类。在了解到客户的性格特征后，就能帮助我们找出与之相适应的沟通方式，从而与客户建立良好的关系，并最终达成交易。

以下就是实际沙盘推演，面对几种不同类型的客户，销售人员该用何种态度对待：

1. 活泼型

性格特点：感情外露，喜欢表现；乐观开朗、善于社交；活泼多变、缺乏耐心。

应对策略：当活泼型的客户引经据典、侃侃而谈时，你最需要做的是，做好一个积极的聆听者，以满足他们喜好表现的欲望。如果你对他们所讲的故事或见闻表现出极大的兴趣，那对方就会有受重视和被认同的感觉。

因为活泼型的客户乐观、豪爽、豁达，又非常乐于接受新事物，所以，你可以把自己的产品与时尚、新闻、流行话题等联系起来，帮助他们认识到产品的潮流感和所带来的附加值。针对他们性格中缺乏耐心和活泼多变的特点，你在介绍产品时一定要简明扼要，说话也要干净利落，而不要绕弯子。对此类型客户要善于把握销售时机，如果看到对方的身体语言中流露出感兴趣的样子，比如主动用手触摸产品、身体前倾或点头表示赞同时，你应该赶快拿出订单来，以促成交易。

2．力量型

性格特点：直言好斗、咄咄逼人；自主独断、争强好胜；重视效率、易急躁。

应对策略：力量型客户以男性居多。因为他们喜辩好斗，在与此类客户打交道时，要学会控制自己的情绪，避免与其发生正面冲突。要让他们有发言的机会，因为他们会不甘落后、不安于寂寞。在他们发言的时候，你要及时地对他们正确的观点表示认同，并感谢他们提出的问题，满足他们的控制欲。

力量型性格的客户重视效率，容易在处理事务时缺乏耐心，做决定时专注于大方向、大重点和大原则。所以，你在推荐产品时，不要讲得太详细，用语简明扼要即可，然后着重强调其产品价值就可以了。

力量型客户对成就感非常渴望及迫切。在沟通中，当他们感到自己受到了足够的尊重，自尊心得到充分的满足时，你就可以适时地转入沟通的正题了。抓紧机会令其在成就感中主动提出购买或加入你。

3．完美型

性格特点：计划周详、考虑周到；重视逻辑、精益求精；聪明敏感、缺乏决断。

应对策略：与完美型性格的客户沟通时，话不能太多，但是必须认真和准确，否则他们会拒绝你所有的推荐。

由于他们重视逻辑、凡事都喜欢精益求精，所以，不要在完美型的客户面前直截了当地说，我们的产品如何如何好，服务怎么周到，而应该多出示事例证据和图表来分析和证明产品的科学性及合理性。在介绍公司和产品时要拿出公司获得认可的奖状、证书、媒体报道等资料，使用这些数据来说服完美型的人是非常有效的。

针对他们性格中聪明敏感及缺乏决断的特点，你要给完美型性格的客户多一些关怀和体贴，在解说其产品时可适当地引用名人及专家对产品或服务的好评，让他们消除疑虑。如果你不能体会到他们内心追求完美的心理，又拿不出有力的事实依据，那交易就很难成功。

4. 和平型

性格特点：内向保守、谦虚胆小；沉稳随和、耐心友善；不喜变革。

应对策略：他们天生不易兴奋，与世无争，性格较为沉静悲观。他们一般不会主动去表现自我，但其内心深处却是非常渴望得到别人的认同。因此，在与此类客户打交道的过程中，你要善于发掘他们身上的优点，让其产生一种被尊重、有价值的感觉，由此可以令他们振奋起来。其随和易处、善于聆听的性格特点会给你达成沟通目标创造机会。

由于他们性格方面保守胆小，做决定的时候会犹豫不决，总是喜欢等等看。因此，对这样的客户，你应该多真诚地与之沟通，耐心地了解他们的真实需求。如果和平型性格的客户觉得你这个人有诚意，即使他暂时不需要你的产品或服务，也会购买一小部分，甚至还会帮你介绍其他客户。

针对他们不喜变革、怯懦无刚的性格特征，你还要给他们创造一个轻松的环境，而不要一次性地塞给他们太多的信息。有强迫的气氛，会令其产生压力。当然，由于和平型的人常常又是慢性子，沟通当中，你也要适当地给他们一点推动，并借助从众的消费心理来引导及协助他们做出决定。

总之，不同性格的客户有各自的行为模式和思维方式，当销售人员掌握了不同性格类型的客户，以及他们的实际需求后再进行销售，这样销售工作才会干得更加出色。

面对亲切随和型客户，你要学会“得寸进尺”

通常来说，亲切随和型客户会带给人愉快的心情，因为他们言谈很友善，不会刁难销售员，能够使销售员以更轻松的心态去工作。因此，对这样的客户可以使用“得寸进尺”的销售模式，即层层深入，逐步提高推销力度。

那么，如何“得寸进尺”呢？我们先来看一个实验：

1966年，美国社会心理学家弗里德曼和他的助手曾做了这样一个有趣的实验。首先，弗里德曼派一位助手去登门拜访一组家庭主妇，声称他正在为“安全驾驶委员会”工作，希望得到主妇们对这一运动的支持，请她们帮一个小忙：在一份呼吁安全驾驶的请愿书上签名。多数主妇认为这是一件利人利己的事，加上签个名也并不麻烦，所以，大多数的主妇都爽快地签了名，只有个别人拒绝了。

过了几天，弗里德曼又派这个助手去登门拜访一组家庭主妇，不过，这次他除了拜访第一次拜访过的家庭主妇之外，还拜访了一些以前从未拜访过的家庭主妇。助手这次带的是一个写着“谨慎驾驶”四个字的大招牌，他的任务是请求那些家庭主妇把这块牌子竖在她们各自的庭院里。

这个招牌看起来很笨拙，竖立在庭院里有些不协调。此次要求显然有那么一点点过分，那些被拜访的家庭主妇们究竟是会答应，还是会拒绝呢?

最终的结果是，在那些曾经同意在请愿书上签名（一个小要求）的家庭主妇中，有55%的人接受了在自己庭院里竖这块牌子（一个大要求）的要求，而在那些从未被访问的家庭主妇中，只有17%的人勉强接受了该项要求。

其实，日常生活中也经常出现这种现象。在你需要得到别人的帮助时，如果你上来就提出较高的要求，则往往容易被拒绝；而倘若你先提出较低的要求，在较低的要求被对方接受后再去适当地增加要求的分量，则成功的概率就会很高，这种现象就是被心理学家定义的“门槛效应”，也叫得寸进尺效应。

在销售中，正确、恰当地应用“得寸进尺效应”往往会让我们取得意想不到的效果。例如，销售员在推销商品时，先提出试用，如果你同意了，才提出购买要求。或者先向你提出购买一件商品试试，如果你同意了，再向你提出更多的购买要求。

张芳是某品牌新上市洗发水的超市促销员，她的工作内容就是向顾客推销这款洗发水。这天，正赶上周末，超市客流量比往常要大得多。一位推着购物车的中年妇女在一排排货架间闲逛，张芳走上前热情地问：“女士您好，请问您对洗发水有需要吗?”

“哦，家里的还够用，暂时就不买了吧。”女士很客气地回复了她。

“可是，在价格合理的情况下，这种日用品买回去放着也不错啊。毕竟早晚都要买，目前我们公司新品上市，低价促销，也许等您想买的时候就没这个价位了呢。”

“你们卖的是什么牌子的啊？”女士问道。

“这是我们公司新推出的洗发水，这款洗发水用起来感觉特别好，味道也不错，最主要的是针对不同的发质推出了不同的系列。”张芳把手中的洗发水递给女士。

“可是，我一直都用XX牌洗发水，不想轻易换品牌。”女士笑着说道。

“习惯都是慢慢培养的，您不试试怎么能知道我们的品牌比B牌洗发水更适合您呢？”

“嗯，我考虑一下吧。”

“只怕在您犹豫的时候，价格就会悄悄地上涨，毕竟降价促销是为了打开销路，等销路打开了，就再也买不到这个价位的产品了。”张芳步步逼近。

“那……你们有容量小点的包装吗，我先买回去试试看。”女士客气地问道。

“有倒是有，只是小包装不如这种大包装的实在，相信您肯定明白，居家过日子最注意节俭，以克为单价来计算，小瓶的远远不及大瓶的实惠，再说两瓶差得不是特别多，洗发水每天都要用，就算大瓶也挺不了太长时间，所以我建议您拿瓶大的回去用。”

最终，中年妇女买了一大瓶洗发水。

张芳料定以对方友善的性格是一定不会直接拒绝自己的销售的，因此先说服对方购买自己的洗发水，然后再尝试着让对方买一大瓶洗发水。目前，这种销售方式被广泛地应用于各种日用品的销售中。

很多商家也深谙此道：在商场中，你相中了一件大衣。一看标价，

800元，太贵了。你只好一步三回头、恋恋不舍地准备走开。此时精明的售货员发现了你的眼神。“小姐，喜欢这件衣服吗？”“喜欢是喜欢就是有点贵。”你惋惜地说。“没关系啊，小姐身材这么好，不妨穿着试试，我们这可以免费试穿。”禁不住她的再三劝说，你还是穿上了这件衣服。衣服款式不错，而且也蛮合身。但是想到价格，你还是打算放弃。此时的售货员极力夸赞：“小姐皮肤多白啊、身材又好，我们这件衣服就是为小姐量身定做的。既然都穿上了，就别脱下来了，穿着走吧。”说完，她将你的旧衣服迅速包好。最后，你还是咬咬牙把这件已经穿上的衣服带回了家。

其实，对于销售员来讲最困难的并非是推销商品本身，而是如何开始这第一步。当客户同意了你的第一次请求后，可以说你的推销已经成功一半了，即使客户开始并不想买你的账，仅仅是想看看你如何表演。但这的确是个达成销售目标的好办法，尤其是用于和不太熟悉的人打交道的时候，偶尔使用一次，成功率还是挺高的。

面对爱慕虚荣型客户，你要不遗余力地奉承他

随着炫富心理在各个经济阶层的普及，贪慕虚荣型客户的比重越来越大。对于这一类型客户最好的方式就是用赞美和肯定的语言让对方有一种优越感，从而能够心情愉悦地购买产品。

毫无疑问，人人内心都有一颗虚荣的种子，只要这颗种子不发芽，不损害别人的利益也就无可厚非。作为销售人员，面对客户的这颗种子时，就要真心地去赞美他们。这样做的结果是客户逐渐放松警惕及敌意，谈话的气氛一直是以轻松的状态进行下去的。

王丽是一名化妆品直销员。有一次，她上门去推销化妆品，女主人非常客气地拒绝了她："对不起，我现在没有钱，等我有钱了再买你的产品，你看可以吗？"

细心的王丽发现女主人的怀里抱着一条名贵的狗，既然能养得起这样名贵的狗，怎么会"没有钱购买"呢？她知道，这只是对方拒绝自己的托词而已。

于是，王丽微笑着说："您这小狗真可爱，一看就知道是很名贵的狗。"

"没错呀！"

"那您一定在这个狗宝宝身上花了不少的钱和精力吧？"

"对呀，对呀。"女主人开始很高兴地为王丽介绍她为这条狗所花费的金钱和精力。

王丽非常专心地听着女主人兴奋的介绍，在一个非常适当的时机，她插了话："那是肯定的，能够为名贵的狗花费足够的钱和精力的人，一定不是普通阶层。就像这些化妆品，价钱比较贵，所以也不是一般人可以使用得上的，只有那些高收入、高档次的女士，才享用得起。"

女主人听后，很高兴地买下了一套化妆品。

虚荣型客户一般自尊心很强，比较好面子，由于天性骄傲，因此在与之合作时，只要适当地赞美他们，满足其虚荣心，推销即可成功。

每个人都有虚荣心，而满足他人虚荣心的最好方法就是让对方产生优越感。但是，并不是每个人都能功成名就，相反地，大部分人都过着平凡的生活，每天都承受着不同的压力，处处听命于人。虽说常态如此，但是绝大多数的人都想尝试一下优于别人的滋味。因此，这些人会比较容易接受那些能满足其优越感的人。

人人都喜欢听别人赞美自己，如果赞美运用得合理，顾客心里肯定极为受用。越是自傲的人，越爱听别人夸自己，奉承这一招也就越有效。销售往往就是这样：赞美说得好，产品就畅销。因此对于销售人员来说，说奉承话应该是很重要的一门功课。

有一次，詹姆士去拜访一位年轻的律师，他对詹姆士的介绍和说明丝毫不感兴趣，对詹姆士本人也显得格外冷漠。但詹姆士在离开他的事务所时不经意的一句话，却意外地使他的态度来了个180度大转弯。

"理查德先生，我相信将来你一定能成为这一行业中最出色的律师，我以后绝对不再随便打扰你，但是如果你不介意的话，我希望能和您保持联系。"

这位年轻的律师马上反问他："你说我会成为这一行最出色的律师，这可不敢当，阁下有什么指教呢？"

詹姆士非常平静地对他说："几个星期前，我听过你的演讲。我认为那次演讲非常精彩，可以说是我听过的最出色的演讲之一。这不仅仅是我一个人的看法，出席大会的其他会员也这样评价你。"

这些话听得理查德眉飞色舞，兴奋异常。詹姆士早已看得出来，于是乘胜追击，不失时机地向他"请教"如何在公众面前能有这样精彩的演讲。他兴致勃勃地跟詹姆士讲了一大堆演讲的秘诀。

当詹姆士离开他的办公室时，他叫住詹姆士说："詹姆士先生，有空的时候希望你能再来这里，跟我聊聊。"

没几年时间，年轻的理查德果然在费城开了一间自己的律师事务所，成为费城少有的几位杰出律师之一。而詹姆士一直和他保持着非常密切的往来。

在与理查德交往的那些年里，詹姆士不时地对他表示关心与称赞，而他也时时不断地拿他的成就与詹姆士分享。

在理查德的事业蒸蒸日上的同时，詹姆士卖给他的保险也与日俱增。他们不但成了最要好的朋友，而且通过理查德的牵线搭桥，詹姆士结识了不少社会名流，为他的推销准备了许多有价值的潜在客户。

“每个人都有虚荣心，每个人都喜欢被赞美，尤其是虚荣型的顾客，对赞美的要求更高。赞美的话，别人听了舒服，自己的身份也不会因此受到损害，于人于己都有好处，何乐而不为呢？”约翰说出了他生意兴隆的秘密武器。

人人都有虚荣心，但是赞美别人时要适度，若是太多，就容易让顾客产生不真实感，就会使顾客对你的人格有所怀疑，从而对你产生戒备心理，赞美就会变得适得其反。因此赞美时要把握分寸，这样才能让顾客满心欢喜，以此达到推销的目的。

面对犹豫不决型客户，你要给他施加压力

在销售过程中，你会发现一些客户表现出一副犹豫的样子，情绪时好时坏，你已经把产品以及服务等各方面的信息介绍得很全面，对方也没有表示出多大的异议，可就是在签单的时间问题上一再拖延，总爱说“我再考虑考虑”“我再问问别人”“我回去再想一下”等，就是不能下定决心。这样的客户，我们称之为犹豫不决型客户。

遇到犹豫不决型的客户，你要学会用适度强迫的方法促成交易。对

于整个交易过程，你要看成是一个“逼迫”的过程，但逼得要适度，要运用一定的方法，不能太急，但也不能太慢条斯理，你可以拿出自己之前准备好的正式合同：“张总，通过这么多次的沟通，你应该已经掌握了我们公司这款产品的所有信息，现在可以签单了吧？”说完，可以将合同递给他，这是最简单的逼迫方法。当然现实中的情况会复杂一些，一些经验丰富的销售人员会根据实际情况“逼迫”犹豫不决型客户成交。

一天，新开盘的商品房销售处来了一位想买房投资的商人。售楼小姐仔细地向商人介绍了一番，最终，商人对房子很满意，可是，对这种投资的成败他不能确定，因此决定再思考一番。

售楼小姐看出了商人的心思，于是上前说：“先生，现在楼市很热，每天大幅上升的成交量容不得您思考再三啊，再考虑下去，我们的楼房就售完了。”

商人默不作声。

于是售楼小姐给商人讲了一个故事：“两位老者来到天堂的入口。上帝让他们每人说出自己最有成就感的事，第一位老者说，他一生辛苦劳作，省吃俭用赚了一辈子的钱，终于在临终前一天住进了自己用一辈子积蓄买的房子。第二位老者说，他贷款买了一套房，后来趁房价上涨将楼房转卖出去，赚的钱不但还了贷款，还够自己再买一栋楼。”

讲完故事后，售楼小姐接着说：“我相信以先生的精明睿智是不会错过第二种成就感的，当然，如今楼市只涨不停，每天都有很多客户前来争抢第二种成就感，还希望您能尽快决定，以免错失良机。”

商人听后，当场付了首付。

让顾客有了惧怕错失良机的感觉，他们又怎么会不掏腰包呢？在销售过程中，面对人云亦云、优柔寡断的顾客，如果对其加以“胁迫”将收到意想不到的效果。

对客户施加压力，并不是说要用语言或动作逼着客户购买你的产品，而是想方设法在思想上给他制造压力。这种压力来自于他们自身，而不是来自于销售员。当在客户摇摆不定时，你可以暗示他说“机会难得”，给他造成心理上的压力。“这是最后一台，下次来货就要等到三个月以后。”这就等于是告诉客户说，你买不买？不买就没有了。

给客户施加压力，有时可以把矛盾抛给他，让他自己解决。在顾客犹豫不决的时候，你可以说：“我们的产品能为您的企业带来丰厚的利润，我相信您是一个明智的人，能够做出明智的决定。”这句话的言外之意就是，如果想让你的公司获得利润的话，那就赶快购买我们的产品吧！“这个价格对您这样的先生来说，简直是九牛一毛，您不会在乎这点钱的。”这句话的意思是，如果你不买，就是承认自己没钱。在这种语言环境之下，很多顾客都会产生一定的心理压力，无论是为自己公司的利益考虑，还是为了顾全自己的面子问题，大部分顾客都会做出购买的举动。

某销售人员在向客户推销产品时，客户对产品挑不出不满意的地方，在经济上也比较富裕，但在做出决定是否签单时很犹豫。

为了促使这位客户迅速签单购买产品，销售人员巧妙地使用了激将法。

销售人员对客户说：“先生，您的顾虑我很理解。在世界上，很多事情都是这样的。一个人对他越是感兴趣、越是喜欢的东西，就越是不敢勇敢地追求它，越是不敢积极地去争取拥有它。这是一种很可悲的心态。您说是不是？每一个人活在世上，都有他自己的信仰和人生目标。怎样才能实现自己的人生目标呢？只有凭借自己坚定的信念，不懈的努力，顽强的意志才能最终实现这些。正因为它是人生中最伟大的事业，才会有如此多的有识之士为实现这一目标花费毕生的精力，甚至洒干身上的每一滴血。我们要问，他们的动力源自何处？他们的动力主是来自于他们的信仰，他们心目中的崇高的人生目标，它可以激励着人们永不停息地追求。”

客户听了这些，觉得有一定的道理，就轻轻点了点头。

于是，销售人员就接着说：“是啊，自己认为有价值、有意义的东西，怎能不去努力追求呢？但就是有这种人，我认为他们的生活实在是没多大意义，至少可以说他们是没有勇气的。这种人遇到自己喜欢的东西却不去努力争取，遇到机会来临却没有勇气去抓住，所以他们的一生都碌碌无为、平平庸庸，理想依旧是梦中的理想。我经常想，这些人为什么不果断一点呢？为什么不积极去争取和把握机会呢？我想，先生您一定不是这种人吧？”

客户听到这里，不自觉地说：“当然。我当然不是这一种人。”

销售人员说：“您当然不是这一种人。正因为如此，我们才如此欣赏您。现在，如果您觉得这种产品还行的话，如果您对我们的产品和服务没有什么异议的话，就行动起来吧。在这里签下您的名字就行。”

说着，销售人员就把订单递到了客户面前。

在上例中，客户被销售员一阵激将，再也不像之前那样犹豫了。因为客户不承认自己是那种不果断、遇到机会犹豫不决的人，而不果断签字就是在事实上承认自己是那一种人。这对于一个有尊严的男子汉来说，是无法接受的。客户想自己确实对产品和服务没有什么异议，自己确实需要购买这种产品，便迅速与销售人员签下了订单。可以说，激将法是通过触发有些顾客的自尊心和好胜心，促使顾客在犹豫不决时做出果断的购买决定，是一种极佳的销售技巧。

当我们与客户交谈之后，很多时候，虽然有的客户有购买产品的欲望，但却犹豫不定。始终拿不下主意，当销售员在面对这些顾客时，若想促进他们下定决心购买，进而成功成交这一笔订单，不妨给他们施加一些心理压力，“逼迫”他们迅速签单。优秀的销售员都懂得运用这种促成订单的技巧，因为它简单而有效，我们也可以借鉴这种销售手段进行销售。

面对忠厚老实型客户，你要开诚布公

在销售过程中，我们也常会遇到这样的客户，他们工作认真、处事谨慎，对细节问题把握得十分精确。在与之沟通时，他们通常会表现得小心翼翼，对销售人员的第一印象十分关注。如果你在初次与之交谈时留下不好的印象，那么将来的合作可能也会困难重重。此外，他们特别讨厌欺骗，哪怕是善意的谎言。这种类型的客户被称为忠厚老实型的客户。

这类客户考虑的因素比较多，一般来说，销售员很难取得他们的信任，但只要你能够诚恳地对待，他们一旦对你产生了信任，就会把一切都交给你。他们特别忠厚，你对他怎样，他也会对你怎样，甚至会超过你为他们所做的。

一位体型明显偏胖的女孩去服装街买衣服，来到第一家服装店，店员热情地上前接待，女孩拿起一件蕾丝边的小衫左看右看，爱不释手，于是一旁的店员说："小姐喜欢就试试吧。"

"嗨，这种款式都适合瘦人穿，最大号的我都未必能穿上。"女孩有些难为情地说。

"别这么不自信，你根本就不胖，现在谁身上还没有点肉呢？说实话你挺瘦的，拿着试试吧。"店员的话引来旁边顾客纷纷侧目，大家看看女孩，又看看女孩手中的淑女装，不禁嘀咕起来，还发出阵阵笑声。

这明显就是睁眼说瞎话，再没有自知之明的人也能感觉到尴尬，于是女孩将衣服放下，赶紧走出了服装店。

良久，女孩终于鼓起勇气走进另一家服装店。一进门，面对的依然是店员的热情招待，这让女孩不禁开始神经紧绷，她在店里漫无目的地转了一圈。店员走上前问："小姐想买上衣还是裤子呢？"

"我想买件上衣。"

"您不妨看看这款，"店员说着拿起一件运动式的T恤，"这款款式很休闲，穿起来很舒服，修身效果也很好。"

女孩看了看，的确还不错，店员的说辞让她听着至少不尴尬。于是她试了试这件T恤，果然很合适，但是颜色有些暗，是卡其色的。

"有别的颜色吗？"女孩问道。

"有，你想要什么颜色？"

"浅一点的颜色，例如粉色、白色。"

"好，稍等我拿给你试试。"说完店员找出以上两种颜色。

女孩一一试过后，仍然有些犹豫，这时店员亲切地说："依我之见，这两种颜色虽然穿起来很靓丽，可是修身效果不是很好。卡其色是流行色，也是非常不错的修身服装色，穿上去会使你看起来瘦很多，因此更适合你。”

女孩一想也是，自己的身形不适合穿太浅的颜色，于是买下了这款卡其色的T恤。

这个事例告诉我们，真诚坦率可以让你赢得客户，而虚伪欺骗则会让客户远离你。

对忠厚老实型客户来说，他们最看重的是销售员的真诚和坦率。一旦他们没有从销售人员的身上发现真诚，那么他们心中就会一直保持高度的警惕。相反，当他们发现，销售人员确实是以诚相待，没有一点虚假的话，那么他们就会立即打消心中的疑虑，从而将注意力全部集中在产品上。即便产品质量算不上上乘，也会因为销售人员的直率、坦诚而完成交易。

取得信任是赢得客户的关键。在销售中，只要做到以下两点，销售人员就可以取得客户的信任。

1. 真诚和坦率。在销售中，有些销售人员总喜欢与客户寒暄一番。而在忠厚老实型的客户面前，不需要你寒暄什么，只要你表现得真诚、坦率，不拐弯抹角地想套住客户，就会博得客户的认可。

2. 实事求是。实事求是是忠厚老实型客户非常看重的一种品质。一个销售人员如果对自己的产品夸大其词，尤其是在报价时报出一个天价，就会让客户反感。要记住，忠厚老实型的客户都有一双善于发现问题的眼睛，你不管是吹嘘产品质量，还是报出一个超出市场价很高的价格，都逃不过他们的眼睛，因为他们会在接下来的谈判中以及谈判结束后的各种渠道中了解事实的真相，从而为心中的疑团找到答案。一旦发现销售人员的话中掺杂了太多的水分，他们马上就不会再继续信任销售人员，从而交易也就此结束。

或许你没有太多的销售经验，与客户讲话时总感觉有些胆怯，但忠厚老实的客户一旦认准了你这个人，看清了你的坦诚和直率，他们是不会因为你的怯懦而中止生意的。因此，在面对忠厚老实型的客户时，一定要表现出你的坦诚和直率。

面对墨守成规型客户，你要耐住性子

销售员：“先生您好！我是 ×× 手机商城的销售员小张，这是我们最新推出的3G手机，这款手机已经成了集语音通信和多媒体通信相结合，并且包括图像、音乐、网页浏览、电话会议以及其他一些信息服务等增值服务的新一代移动通信系统。”

顾客：“我已经有手机了，现在没必要更新。”

销售员：“先生，3G 手机和此前的手机相比差别实在是太大了，因此越来越多的人开始称呼这类新的移动通信产品为“个人通信终端”。这款 3G 手机有一个超大的彩色显示屏，而且还是触摸式的。3G 手机除了能完成高质量的日常通信外，还能进行多媒体通信。您可以在 3G 手机的触摸显示屏上直接写字、绘图，并将其传送给另一部手机，而所需时间可能不到一秒。当然，也可以将这些信息传送给一台电脑，或从电脑中下载某些信息；您可以用 3G 手机直接上网，查看电子邮件或浏览网页；而且手机自带 500 万像素的摄像头，您可以利用手机进行电脑会议，甚至使数码相机成为一种‘多余’。其实我们这款 3G 手机非常适合您这样的商业精英。”

顾客：“那这款手机还有其他什么优点吗？”

销售员："我们这款新手机，主要是针对需要更多网络流量的人群而设计的。这个i2系列手机是i系列手机的升级版。经过我们进一步的优化设计后，它有一个新特点，就是可以一次运行两个程序，这样就减少了不少中间环节，加快您的手机体验速度和提高办公与生活效率……"

顾客："哦，功能还是很强大的，我可以试试看嘛。"

案例中的这位顾客表面上看是一位对产品不感兴趣的顾客，而通过后面的对话可以看出他其实是一位墨守成规型的顾客。

这种类型的客户思维比较保守、性格比较沉稳，不易接受新事物，做任何事情都遵循规律是他们的习惯。经研究分析发现，在生活中墨守成规的人总是循规蹈矩，喜欢用一些条条框框来约束自己的行为，他们做事往往表现得很细心、很沉稳，善于倾听，更善于分析。他们的眼光也比较挑剔。在消费观念上，墨守成规的客户总是喜欢在同一家商店购买商品，并且往往认准一个牌子的东西就会一直用下去。他们非常容易被先入为主的观念影响，并且一旦形成固定的印象就很难改变。对于销售员来说，墨守成规型客户是很难被说服的。所以销售人员在面对这样的客户的时候，必须要拿出足够的耐心，急于求成只会让客户产生怀疑，使其本身所固守的心理防线更加难于攻破。

小王是一个负责推销某品牌洗衣机的销售人员。一日，他来到一个客户的家里做推销，接待他的是一位带着明显警惕表情的中年妇女。

小王一边和客户谈着，一边观察客户家里的家具陈设。他发现客户家中的摆设整齐而大方，虽然有些家具牌子已经比较老了，但是很明显质量还是非常不错的，整个房间有着一种强烈的古朴味道，而且家电陈设方面基本上都是同一个品牌。此外，结合这个中年妇女的言谈，小王基本可以断定女主人是一个生活作风颇为保守的人，她对于产品的要求更加注重质量，其消费观念虽然不是很时尚、前卫，但是却也比较注重生活品质的，消费水平属于中上等。

在获得了这些比较直观的印象之后，小王心中便有底了。他首先找了个话题，谈及了女主人家的家电，说女主人有眼光，选的产品质量好，价格又适中，而且也很符合家庭布局的格调。女主人听了十分开心，在言谈中还透露出一些自豪感，她说当时全部家电都是由她来负责选购的，而且丈夫也很满意，不仅质量好，还省下了一大笔钱。小王于是乘机夸赞女主人能干，有主见，并且顺便把谈话的主题转移到了自己所推销的洗衣机上，说女主人忙家务一定很累，而自己推销的洗衣机则可以给她带来很多方便，保证她的丈夫也会喜欢。接着他自然而然地把自己推销的洗衣机的性能、价位、售后服务等信息详细地向女主人做了说明。当女主人通过对比发现这款洗衣机确实适合自己时，便对产品产生了浓厚的兴趣。小王还不失时机地对女主人说，他所推销的洗衣机质量的确很好，而且还可以首先试用一周，这样又给客户吃了一颗定心丸。

后来女主人试用以后感觉非常满意，甚至很干脆地购买了两台洗衣机，一台自己用，一台送给了婆婆使用。

上例中的女主人显然是一个典型的墨守成规型客户，但是小王耐心向她陈述了洗衣服的实用价值，进而征服了她。这说明，墨守成规型的客户虽然思想相对守旧，不容易接受新产品，也比较难以被说服，但是只要销售员能够耐心为他们详细讲解产品的好处，并让客户真实感受到，尤其对于商品的实用性的描述和对质量的保证，只要让客户觉得安全放心，打动这类客户的心也并非不可能。

墨守成规型的客户总会对自己之前使用的产品情有独钟，要想让他们接受一些新的产品是比较困难的事情，但是毕竟他们还是喜欢更加安全、更加实用、更加优质的产品的，所以这是一个很好的突破口。销售人员要让客户在实际的对比中，发现新产品有更好的性能，这样就会慢慢地改变客户的观念，让他接受你的商品了。对于销售人员而言，只要能够给客户澄清其中的利害关系，并且能够提供物美价廉的商品，还是可以很轻易地打动客户的心的。

面对唯我独尊型客户，你要满足他的优越感

在销售过程中，你会发现一些客户表现出妄自尊大、目中无人。对待这种顾客最忌讳的就是硬碰硬，因为这样很容易使自己受夹板气，一方面是客户的无理取闹，另一方面是领导的疾言厉色，不管究竟谁对谁错，理亏的永远是作为服务者的你。其实对付这类客户并不难，只要能满足他的优越感，让他从心理上得到一种满足，他自然不会采取进一步的行动来证实自己的本领。

法国哲学家罗西法古说过这样一句话："如果你要得到仇人，就表现得比你的朋友优越；如果你想要得到朋友，就要让你的朋友表现得比你优越。"同样的道理，当客户表现得比我们优越时，他们就会有一种得到肯定的心理，而如果我们自己表现得比客户优越时，无形中就会使客户感到一种强烈的压迫感，对你产生敌对的情绪。

一位橡胶厂的总工程师，听说本市的一家同行企业上了两条生产畅

销美国的乳胶手套的流水线。他很想就这两套设备的机械、技术方面的问题进行一番了解，因为他们厂也想上几条这样的流水线。

第一次，拜访兄弟企业的厂长时，他遭到了婉言谢绝："对不起，这套设备的制作图纸是花钱买来的，至于一些技术上的问题，还属暂时保密。"

第二次，他又去了。那位厂长见他只隔两天又来了，不禁微皱了一下眉头，但还是请他坐在了沙发上。

"听说你在TQC（全面质量管理TQM、QCC、FMEA）管理上是个专家，我早就想在这方面向你请教。"工程师说。

厂长显然很惊讶，说："是的，我搞TQC已有几年了，在省内算得上搞得较早，但只是'笨鸟先飞'罢了，哪里谈得上什么专家。"他微露出宽慰的笑容。显然，之前他持有的戒备心理消失了。

"你能不能向我推荐一些这方面的专著和文章，使我也对TQC有所了解呢？"工程师恭敬地掏出了本子和笔，真心诚意地请他指教。那位厂长愉快地接过去，给他写了几个书名，并向他详尽介绍了这几本书的特色和有关章节。

接下来，厂长又向工程师具体介绍了许多他们厂进行全面质量管理的方法和措施，甚至讲到了他对决策和用人方面的一些做法和设想，他们越谈越投机。

中途，他曾告诉秘书，请她将工程师所需要的东西准备一下。

不知不觉已临近下班时分了。"我很高兴能认识你，希望你在有空的时候，到我家中小叙。"分手的时候厂长这样对工程师说。

为什么橡胶厂的总工程师第一次碰了钉子，第二次却获得了成功？

因为他了解到这位厂长在TQC管理上是个专家，就毕恭毕敬地去请教对方在这方面的知识，表达了自己的仰慕之情，并让对方推荐一些专著和文章，使这位厂长自觉地意识到这是一种被同行认可的荣誉，心里一高兴，就畅谈起他自己进行全面质量管理的历程，两人也遂成知音。

这个事例告诉我们，请教意见是满足客户优越感心理需求的一个很好的方法，特别是找出一些与业务相关的一些问题，向客户请教，让他们表达自己的看法，通过这种方式不但能引起客户的注意，同时也了解客户的想法，更重要的是也满足了客户被人请教的潜在优越感。

很多时候，请教就相当于赞美。在推销时，去赞美客户的能力、知识等高人一等，就是让对方产生一种满足感，并且往往还会据此来重新审视你向他们推销的产品，这时候他们购买的概率也就大大提高了。

孙伟是一名十分优秀的保险推销员。一次公司先后派出10名推销员去向某公司的大老板潘总推销保险，但都遭到了他的冷遇，理由是自己很忙，没有时间和他们交谈。而且他向来就对推销员没有什么好感，总是避而远之的。所以只要有推销员上门，他都会用自己的冷漠使推销员知难而退。孙伟了解到这样的情况，却还是决定亲自去试试。

到了潘总的办公室，孙伟开始做自我介绍："先生您好，我是保险公司的推销员，很高兴见到您。"

说着他便把自己的名片递了上去。潘总瞥了一眼名片便扔在了办公桌上，不高兴地说："又是一个推销员。在你之前已经有10个推销员光顾我这里了。你高兴见到我，我却不高兴见到你啊。我还有很多事情要做，不能花时间听你们这些推销员的唠叨，我没有时间的，不要再烦我了。"很明显，潘总已经下逐客令了，并且态度十分冷漠，一般的销售员肯定都会灰溜溜地离开。但是孙伟却没有就这样离开。

他完全没有理会潘总的态度，而是微笑地对潘总说：“在见您之前，我觉得作为这么大的一个公司的总经理，应该是一个上了年纪的老者，没想到您还这么年轻。能成就这么大的事业，真是不容易啊。”

一句话触动了潘总的心弦，他感慨说：“是啊，很不容易啊，摸爬滚打地闯了10年才有今天的事业。”

孙伟说：“哦，10年啊？那您不就是从十八九就开始创业了？那时一定是胸怀大志，斗志昂扬吧！我真是很佩服您啊。很想听听您的创业史，只可惜您很忙没有时间啊。”

孙伟的话引起了潘总的兴趣，他很少和别人讲自己的经历，而此时有了难得的聆听者，他也不愿意放过，于是就说：“我的经历说来话长啊。不过我今天没有安排，如果你感兴趣，我可以讲给你听听。”

孙伟说：“万分荣幸啊。”

于是潘总仰身靠在自己的老板椅上，态度亲切地讲起了自己的经历。孙伟很认真地倾听着，并不时地加以赞叹，表达自己的感慨。因为他们年纪相差不大，交流起来更加融洽。很快就熟识起来，到中午的时候，潘总还硬拉着孙伟一起吃饭，并参观自己的公司。

虽然整个过程中，孙伟基本上没有提及推销保险的事情，但是他对潘总的事业表现出了极大的兴趣，并对他的创业经历给予了真诚的赞美和欣赏，因此很快就赢得了潘总的心。最后潘总不仅给自己买了保险，还为自己的女儿买了一份。

这个事例告诉我们，让人产生优越感最有效的方法是对他自傲的事情加以赞美。适当地赞美一下你的客户，是唤起客户注意的有效方法。

每当你赞美客户的成就、特长和财产时，就会提高他的自我肯定，让他更得意。

没有人喜欢处处表现得比自己优越的人,让对方表现得比你更优越，可以消除对方的敌意。所以，满足客户的优越感，这是达成销售的关键因素之一。客户的优越感被满足，初次见面的警戒心也自然消失了，彼此距离的拉近，能让双方的好感向前迈进一大步。

第六章

心理说服：攻克客户心理壁垒

真正的销售高手，都是讲故事的好手

讲述故事是人们喜闻乐见的一种沟通交流的方式。美国前总统里根曾说：“用故事或比喻诚诚恳恳地表达心意，要比用枯燥的事实或科学原理更能打动听众。”故事具有连贯性和完整性，富有吸引力和感染力，它生动曲折的情节进程和丰富深刻的思想内涵，能够产生强烈的吸引力和深刻的启示力。故事讲得好，是说服他人接受自己观点的有力工具。如果我们在推销产品时，能插入一些小故事，就能增强自身的说服力，收到很好的效果。

销售为什么需要讲故事？因为人都喜欢听故事，尤其是和自己有相似背景的人和事。只要你将这样的故事与产品结合，你就已经成功了一半。New Balance 讲了一个李宗盛《致匠心》的故事，使其品牌格调陡然升了一截；褚橙讲了一个褚时健老当益壮的故事，就将其他千千万万的橙子落下不知几条街；王石讲了一个登山的故事，为万科节省了三亿广告费；海尔只讲了一个砸冰箱的故事，从而让人们认识了海尔，相信了海尔产品的品质；可口可乐配方的故事让人永远记得它独特的味道……有什么比讲一个精彩的故事更具吸引力，更加引人入胜呢？因此，销售高手一定要学会讲故事。

美国纽约“成功动机研究”的主持人保罗·梅耶在进行大量研究后发现，销售高手都会巧妙地利用人们喜欢听故事的心理去说服客户。讲一些小故事，一来可以活跃一下气氛；二来可以引发客户的反思；三来故事可以为你的销售带来更强的信赖感。

曾有一名做财产保险的优秀的保险业务员，在公司里的业绩非常出色，他的业绩几乎占到所在部门全体业务员业绩的一半。别人问他做得如此成功的原因时，他只是回答："会讲故事就行了"。事实上他的确是这样做的，因为他养成了一个非常好的习惯，就是只要在报纸上、电视新闻里一听到、看到 XX 人家、XX 公司因为什么天灾人祸导致固定财产遭受莫大损失的事，他就会立即用笔记录下来。遇到客户告诉他："我觉得买保险对我来说没什么必要，我已经拥有了足够的现金和不动产，这些财产对我来说就是今生最大的保险。"他马上会说："XX 先生，我非常理解您现在的想法。我以前认识一个朋友，他也像您一样，拥有超过几千万元的资产。很不幸的是，去年他在一次空难中意外丧生。因为他生前没有买保险，所以在他死后，他的家属为他的财产所付出的各种费用、税金共计超过了 500 万元。您不妨比较一下，是每个月支付 1000 多元的保险费划得来，还是损失 500 万元划得来呢？"

通常，在他的故事讲完后，保单也顺利地签约了。

在销售中，用讲故事的方式来介绍产品的话，会收到很好的效果。适宜的好故事，胜过销售员一千遍、一万遍说教的力量。用故事说话，有时产生的感染力是无穷的，它就像巫师手中的魔法石，能产生让客户无法抗拒的魔力，甚至为推销员省去千篇一律烦冗而毫无吸引力的推销词。

其实，任何商品都有很多有趣的话题，比如它的发明、生产的过程，能够带给客户的好处等。而作为销售人员来讲，就可以从中挑选出一些生动、有趣的部分，组合成一个个动人的故事，并作为销售的一种有效的方法运用到工作中去。用这种方法，你就能迎合客户、吸引客户，使其产生信心和兴趣，进而毫无困难地达到销售的目的。

一位保险推销员在给一对已经为人父母的客户推销保险的时候，给他们讲了一个感人的故事。

有一天，一对中年夫妇带着17岁和11岁的儿子，一家四口到郊区游玩。途中经过一处风景优美的地方，他们停下来准备拍照留念。家人都是从左手边的门下车的，只有开车的爸爸因为坐在驾驶座上，所以，打开右边的车门准备下车。正要下车的一刹那，后面一辆高速驾驶的摩托车把他撞倒了，腿部受了重伤，导致大量出血，伤者马上被送往医院急救。本来一家人其乐融融地去游玩，结果竟然发生了这样的意外，真是让全家人感到悲伤。

被送往医院急救的爸爸需要马上输血，但符合血型的只有11岁的男孩次郎。

“为了救你的父亲，可以抽取你的血吗？”次郎思索了一下，点了点头，说，“可以。”

爸爸的生命已经没有危险了，旁人听到这件事情都非常感动，对他说：“次郎，你真了不起。你想要点什么作为奖励？”刚献完血的次郎一脸苍白，静静地坐在房间的角落里。

“我什么都不要。”

“为什么呢？次郎，你救了爸爸，这是一件多么了不起的事情啊，不管你提出什么要求，我们都会满足你的。”

次郎想了想，说：“我真高兴能救了爸爸，但我还有几分钟会死呢？”

原来这个小男孩误会了，他以为自己输了血救爸爸，自己就会牺牲掉自己的小生命。在这种情形下，他还毅然献出了他的血液。

当故事讲到这里，关键的转折就出现了。这个时候，推销员转过来问客户："但是为人父母的你们，能为孩子做些什么呢？钱是买不到爱的，但你们可以在金钱里融入你们的爱，这就是保险。"短短的几句话，他说服了这对父母。

对销售员来说，说服是一件很重要的事。想卖出产品，总要说服客户。如果你能讲出一个好故事，让故事与产品结合起来，就会给客户留下很深刻的印象。所以，学会讲故事，能够让销售变得很简单。这是销售的秘诀，同时也是销售高手的天赋，他们每个人都是讲故事的大师。

为客户讲一个故事并不困难，实际上，这是销售员的日常工作。你需要在平时就注意收集资讯，加大阅读量，并将得到的信息分门别类地存储在大脑中。当你需要时，就把它们调动出来，加以润色，在合适的时机，结合不同的产品，用合适的方式讲给你的客户听。

那么我们在平时的业余学习中应该注意积累哪些方面的素材呢？即我们给客户讲述的故事可以包括哪些内容呢？总结如下：

1. 与个人经历相关的故事。用自己与产品相关的故事开场也不失为一个特点鲜明的选择。通过这种亲身经历可以迅速拉近你与听众的距离，博得听众的同情与好感，同时也使你的主题得以认可。

2. 产品的故事。每一款产品都有它背后的故事，讲产品的故事会让客户得到的价值是品质，从而产生信任，以及对我们产品品质的信任。

3. 客户的故事。讲客户的故事，这会让他人产生信任，同时也是最好的成交证明。不管你今天卖的是什么产品，收集过去客户曾使用你产品的整个过程的资料，包括有关售前、售中、售后所发生的每个细节，挑出其中能令新客户产生共鸣、激发需求的故事，如果你能讲得栩栩如生，就会对客户达成交易具有极大的推动力。

打开心结，向客户灌输量化的观念

在实际销售的过程中，我们常常会遇到这样的情形，比如，客户说“太贵了”“我还是想买便宜点的”“我还是等价格下降时再买这种产品吧”等。对于这类反对意见，如果你不想降低价格，你就必须向对方证明，你的产品的价格是合理的，是产品价值的正确反映，使对方觉得你的产品物有所值。在销售中，我们可以运用量化的技巧化解顾客类似的价格异议。

一位销售人员正在向顾客销售一台价格不菲的电视机。

顾客：“这台电视实在太贵了。”

销售人员：“您认为贵了多少？”

顾客：“贵了1000多元。”

销售人员：“那么咱们现在就假设贵了1000元整，先生您能否认可？”

顾客：“可以认可。”

销售人员：“先生，这台电视您肯定打算至少用10年以上再换吧？”

顾客：“是的。”

销售人员：“那么就按使用10年算，您每年也就是多花了100元，您说是不是这样？”

顾客：“没错。”

销售人员：“1年100元，那每个月该是多少钱？”

顾客：“每个月大概就是8元多点吧！”

销售人员：“好，就算是8元5角吧。您每天至少要用一次吧？”

顾客："有时更多。"

销售人员："我们保守估计为每天一次，那也就是说每个月您将用 30 次。所以，假如这台电视每月多花了 8 元 5 角，那每次就多花不到 3 角。"

顾客："是的。"

销售人员："那么每次不到 3 角，清晰的画面却能让您看得更舒服。而且 LED 背光源还具有惊艳卓绝的外观，硬屏面板，从画质到色彩、从功能到外观都很突出，您不觉得很划算吗？"

顾客："你说得很有道理，那我就买下了。你们是送货上门吧？"

销售人员："当然！"

案例中的销售员用的就是量化说服法。使用这个方法的目的是让客户觉得物有所值，值得购买。这个案例中的销售人员向顾客销售一台价格昂贵的电视，顾客认为太贵了，这时候销售人员需要做的就是淡化顾客的这种印象。于是，销售人员开始运用自己高超的量化技巧，他先假设这台电视能够使用 10 年，然后把顾客认为贵了的 1000 多元分摊到每年、每月、每天、每次，最后得出的数据为每次不到 3 角钱，这大大淡化了顾客"太贵了"的印象，最后实现了成交。

其实无论卖什么产品，我们首先要梳理下客户使用该产品的年限，然后用产品的单价除以年限，得出每一年使用该产品的价钱，再除以 365 天，得到每一天使用该产品的价格，最后利用得到的这个数据与产品的好处价值做比较，就会让客户觉得物超所值。这就是量化说服法。

美国有一个做自行车的厂家，他生产的自行车比别的自行车贵一点。一般自行车的价格在美国 150 美元左右，结果他们的自行车要卖 186 美元。

为什么他们的自行车比别人的贵呢？是因为他在刹车系统方面做了特殊的设计，他的成本比较贵。而且安全考虑比较好，所以比别人贵。结果呢？他们销售了很久，业绩并不好。产品卖得不多，他们去找一家顾问公司，请帮助分析为什么他们的产品打不开市场？这个顾问公司经过了解，知道了他们的产品比别人优越的地方，也知道价格确实不能降下去，降下去以后，各方面成本跟价格的核算不合适，所以价钱必须还得维持在这个水平。于是顾问公司研究出一个模式，怎么个模式呢？就是让所有的销售人员在销售他们这种自行车时，首先用问话的方式："您觉得一辆自行车什么东西最重要呢？是不是安全最重要？"第一，用问话，但是给了答案，因为他们如果问一辆自行车什么最重要，别人一下子说不上来，这样会让对方困惑，有种挫折感；或者，如果答出来的不对的话，就没有达到他们的要求。所以第一句话便问对方："您觉得一辆自行车最主要的考虑是什么呢？是不是安全呢？"对方会说："是呀，当然是呀。""那么什么东西最影响自行车的安全呢？是不是刹车呢？"对方说："是啊，是刹车。"他们说："您觉得一辆自行车大概能使用多久呢？3 年？5 年？10 年？"又是问话，又给答案。对方会说："至少能够用 3 年，好的可以用到 5 年、10 年。""好吧，我们就拿最短的时间——3 年来说吧，1 年有 12 个月，3 年有 36 个月，我们的自行车只比别家多 36 块钱，你除以 36 之后，其实你每月只多花 1 块钱你就买了安全系统又好，又耐用的一辆自行车，您看这多值得呢！而且这辆自行车用得更长的话，其实你一个月只要花几角钱、几分钱，就够了。"

成交过程中，销售人员在与顾客的沟通时，总会遇到价格方面的异议，如果能够在回答潜在顾客的问题时自然地采用量化技巧，那么成交也就不再是难事了。在上例中，一般人不能够接受同样是价值 100 多元的物品，一个比另一个贵了36块钱，但是能够接受这个东西一个月只比那个东西贵一块钱。这就是数字量化的威力。

数字量化的说服力是很惊人的。如果你想自己的话有说服力，必须列出具体数据，仅有漂亮的外表而无内容的话是不会吸引人的，马克思说过："一种科学只有在成功地运用数学时，才算达到真正完善的地步。"说话时，借助数字和数学方法对客观事物进行精确的计算和定量分析，有助于人们准确地掌握情况，进一步加深理解。因此销售员应学会用数字量化来说服客户。

巧用心理暗示，改变客户想法

心理学家家研究指出：人是唯一能接受暗示的动物。

暗示，是人与人之间相互影响的一种特殊方式，暗示者出于自己的目的，采取隐晦、含蓄的语言，巧妙地向对方发出某种信息，并以此来影响对方的心理，使其不自觉地接受一定的意见、信息或改变自己的行为。

我们在生活中无时不在接受着外界的暗示，比如，电视广告对购物心理的暗示作用。广告的影像、声音都具有强烈的暗示性。人们看电视时，都是东看看西看看，是一种无意的行为。在无意中，人们缺乏警觉性，这些广告信息会悄悄地进入人们的潜意识。这些信息反复重播，在人的潜意识中积累下来。当人们购物时，人的意识就受到潜意识中这些广告信息的影响，左右你的购买倾向。比如，当你对两个品牌的东西拿不定主意时，多半会选择那已经进入潜意识的品牌，所以当我们回到家，再注意到当初的选择时，感到莫名其妙。这就是我们经常会乱买东西的一个原因。

在销售中，我们也可以利用暗示性的语言或动作来说服客户。这些暗示会不自觉地在客户的心中产生影响力，在客户的意识中留下印记。暗示性语言或动作不仅使得说服的效果更为显著，也更能强化客户对销售过程的信任和接受。所以学会“暗示”就是提高销售业绩的一个重要技能！

在空调刚兴起的时候，其售价相当昂贵，因此乏人问津。要是出去销售空调，那更是难上加难。有一名推销员欲销售一套可供20层办公大楼用的中央空调设备，他经过努力，与某公司周旋了数月，仍然没有结果。一天，该公司董事会通知该推销员，要他到董事会上向全体董事介绍这套空调系统的详细情况，最终由董事会决定是否购买。在此之前，这名推销员已向他们介绍过多次。这天，他强打精神，把以前不知讲过多少次的话题又重复了一遍。但董事长的反应十分冷淡，提出了一连串问题刁难他，使他难以应付。面对这种情景，这名推销员口干舌燥，心急如焚，脑门上冒出点点汗珠，眼看着几个月来的辛苦和努力将要付诸东流，他逐渐变得焦虑起来。

当这名推销员正要去擦汗之时，突然看到各位董事脑门上也有细密的汗珠，不禁心生一计。在随后的提问阶段，他没有直接回答董事们的问题，而是很自然地换了一个话题，说：“今天天气很热，请允许我脱掉外衣，好吗？”说着他掏出手帕，认真地擦着脑门上的汗珠，这个动作马上引起了在场的全体董事的条件反射，他们顿时觉得闷热难熬，一个接一个地脱下外衣，不停地用手帕擦脸，有的抱怨说：“怎么搞的？天气这么热，这房子还不安上空调，闷死人啦！”这时，推销员心中暗暗高兴，因为，购买空调并不是销售员强加给董事们的负担，而是全体董事的内在需求。就这样，这笔大生意终于成交了。

暗示是一种有效的销售手段。上例中的推销员利用一个擦汗的动作暗示客户购买空调的重要性，从而获得了成功。可以看出，有效的暗示能够影响客户的观念，改变认识，增强购买信心，加速成交进程。这虽然只是一个小小的技巧，但却能让客户给你留下深刻的印象，这种方法非常简单，且有惊人的效果。可以这么说，一个不懂得如何用暗示激发客户购买欲望的销售员不是一个高明的销售员。

销售人员在说服的过程中，不仅可以通过动作引导和暗示对方，也可以通过语言暗示来引导和说服客户。

（1）要有目的性地进行语言暗示。销售人员在进行语言暗示的时候，必须有一个明确的目的，必须让说服过程中所有的语言指向这个目的。例如，你要说服客户购买你的产品进行减肥，在设计以减肥为目的的诱导语言时，必须围绕着减肥进行。你可以暗示客户说："想象一下，使用了这个产品后，你的身材越来越好了，你再也不用担心那些热量很高的食物了，你会达到自己想要的体重……"要想实现暗示的特有效果，必须让设计的说服语言指向一个明确的目的，不可没有目的或是目的不够单一地去进行说服活动。

（2）暗示用词要具有适当性。在说服的过程中，销售人员要注意运用合适的时间词，要让这些代表时间的词或短语可以引起人们的注意力。如："在决定拥有这件产品之前，你真的想感受一下它的功效吗？"这句话让人将注意力引导到是否要感受产品功效，而且还假设他会试用这件产品。

"你打算多快做这个决定？"这句话暗示了你一定会做出决定。

"你准备什么时候开始更进一步合作？"这句话暗示了你已经处在合作状态，同时你还要继续合作下去。

对于一些带有否定色彩的词语，销售人员在运用的时候也要根据实际情况酌情使用。如“在你没有做好充分准备前，不要轻易购买”，这句话其实暗示了你一定会购买。这种恰如其分的暗示，会让客户对你更信任。

总之，暗示是购买心理应用的核心环节。在具体的销售过程中，销售员可以利用上面提供的暗示方法说服客户做出最终的购买决定。

重复定律：一句话多说几次就是广告

任何的行为和思维，只要你不断地重复，就会得到不断的加强。在你的潜意识当中，只要你能够不断地重复一些人、事、物，它们就会在潜意识里变成事实。这就是重复定律。

大家还记得脑白金的广告吗？几乎所有电视台都反复的播放，“今年过节不收礼，收礼还收脑白金”，虽然这则广告并不被消费者所喜好，甚至很讨厌，但事实证明却是十分有效果的，起码让所有看到广告的人记住了这个品牌。时至今日，我们对脑白金的态度也渐渐变得以平常心面对，少了铺天盖地的指责和谩骂，甚至多了一些赞美。而这种态度的改变，主要就是来自于坚持，来自于重复。这种方式，实际上就是说服在销售中的一种应用。

在销售过程中，如果你想说服客户，你就要不断地重复产品的优点和客户的利益。因为有的时候一次说话，别人很容易没有听到或没记住，所以你要注意不断地重复。

马云深知众口铄金的厉害，当年他在宣传和推广阿里巴巴时就是利用人言的力量，不断重复和宣传 B2B 的商业模式，达到了良好的效果。虽然宣传推广跟“三人成虎”有本质的差别，但有时宣传推广却需要“三人成虎”的效果。现在，就让我们看看马云是如何做到的。

阿里巴巴的 B2B 商业模式，是中国互联网的一个另类，也是全球互联网的一个另类。在马云创立阿里巴巴之前，中国的互联网模式都可以在美国找到成功的原型，所以风险投资敢于投资这些公司。但阿里巴巴不同，它是完全创新的，在它之前，没有成功的原型。所以，国内外那些掌握着巨额资金的投资方，一开始并不敢投资阿里巴巴。

马云的解决办法就是充分利用他的好口才。他说："听到了，断言，重复，传染，断言我是第一，传十遍，然后不断地重复说一百遍，然后你就是第一了，很多事都是这么起来的。"阿里巴巴在创业之初，其 B2B 商业模式之所以能迅速被大家接受，正是得益于他一个人不遗余力地不断重复、推广、宣传。

为了能让投资方认可阿里巴巴的商业模式，马云把自己当成了一台促销机器，开始了疯狂的"演讲传道"之路。从 1999 年到 2000 年，他不间断地在空中飞来飞去，参加全球各地的经济论坛，尤其是经济发达的国家。每到一个地方，他就发表激情疯狂的演讲，用他那张"铁嘴"宣传全球首创的 B2B 思想，宣传阿里巴巴。

马云一个月能去三次欧洲，一周内可以跑七个国家。他每到一个地方，总是不停地演讲，他在BBC做现场直播演讲，在麻省理工学院、沃顿商学院、哈佛大学演讲，在世界经济论坛演讲，在亚洲商业协会演讲。他挥舞着充满激情的双手，对台下的观众疯狂地叫道："B2B 模式最终将改变全球几千万商人的生意方式，从而改变全球几十亿人的生活！"

就是靠着这种不断的重复，马云真的达到了他的目的。没过多久，他和阿里巴巴的名字就被欧美国家的很多人记住，来自国外的会员和点击率也呈直线增长。尤为重要的是，他还登上了世界上最著名的财经杂志《福布斯》的封面，成为《福布斯》杂志创办几十年来首位登上其封面的中国大陆企业家。至此，马云用他无与伦比的口才宣传阿里巴巴的“阴谋”彻底得逞。

马云之所以能够说服各种各样的人相信阿里巴巴，接受阿里巴巴，靠的其实就是“不断重复”的宣传技巧。

人们在认识事物的时候，首先要有正确的感觉和直觉。有了这些，才能产生印象，才能进入想象和思维，也才能接受你的观点和建议。这就要求我们在说服过程中，要尽可能地反复强调自己的看法，增加论证，给被说服者留下深刻的印象。

在销售过程中，当你了解到客户的需求后，要不时地重复这些特定需求，从而让客户记住最重要的几点。接下来你提供满足这几点的产品，客户就很容易接受。

销售员：“嗯，这么说，您决定购买一款相机啦？”

客户：“是，不过一定要全自动的。我想把它作为礼物送给女儿，她不会使用相机，所以一定要容易使用的。”

销售员乙：“容易使用，好的。那您的预算大概是多少呢？”

客户：“3500元左右吧。”

销售员乙：“好的。我觉得××型相机挺符合您的要求，目前特价只要3300元，这是在您预算范围内最容易使用的相机，完全自动。您女儿所要做的只是选取好想要照的景象，然后按下快门就可以拍照了，就这么简单。”

客户：“嗯……”

销售员乙：“输出也十分容易，只要用数据线连接电脑即可。”

客户：“就这么简单？”

销售员乙：“就这么简单！它是全自动的，使用起来很简单。您打算今天就买吗？”

客户：“现在有货吗？”

销售员乙：“当然。”

客户：“好吧。”

上述案例中，销售员听到客户的特定需求是一架使用简单的相机后，他就为客户描绘了一幅如何轻松使用本款相机的情景，并将对方的特定需求重复了4次。通过不断重复“自动”和“使用简单”这类词语，加深了客户的印象，所以客户认同了他的推荐。

其实，利用重复定律来说服客户的方法很简单，首先你要倾听客户的需求，当客户提出的需求十分明确时，你就可以通过不断的重复，来引导客户认可产品。在销售的过程中，销售员还可以用一些短句来达到强化印象的目的。如：“你不可能忘记”“这不可能忘掉”“这么美妙的东西，相信你会记住”“也许你会常常想起”“这将会给你留下深刻的记忆”……你还可以这样说：“你的孩子会因此而感激你的。”“你的妻子会永远记得你送给她这么一份美妙的礼物。”

事实证明，不断重复是一种有效的销售技巧。不断对客户重复某个观点的重要性，这样有助于使客户相信你、认同你。

勾勒美好画面，巧用视觉联想说服客户

我们每个人都能够感受到视觉广告带来的巨大的视觉冲击力和影响

力，它可以在不知不觉中影响我们的判断和选择，为什么？视觉广告之所以发挥出无限的功效，是因为视觉联想极为有效，客户的行为可能会因为视觉上的联想而得到加强。例如，电影院播放的广告中，每六秒钟便出现一次爆米花的画面，这时候观众便会不由自主地想吃爆米花，而影院便可以享受它独特的优势。

心理学研究发现，在对人的行为产生影响的因素中，视觉联想的力量远远超过听觉的联想。所以，在销售过程中，销售员不妨为产品设计一些有助于视觉联想的物品，让客户立即就能将好的感觉与你的产品链接起来。

有一个卖花女孩向一位路过的小伙子兜售鲜花。小伙子说，她的鲜花太贵了。卖花女郎说："送给女孩子最好的礼物就是鲜花，而且要在众人面前送给她最漂亮的花！假如你捧着一束花去见她，你的女朋友会是什么样呢？我想她一定会含情脉脉地看着你，脸上洋溢着幸福的笑容，会在众人羡慕的眼光中给你一个最热烈的拥抱的。"听到这里，小伙子立即去掏钱包了。

上例中，卖花女孩通过生动形象的语言给小伙子描绘了一幅买花后送给女友的美好画面，激起小伙子对美好画面的向往，从而购买了鲜花。这就是让客户由心动变为行动。试想一下，听到这样一段有诱惑力的话，哪个客户能不动心呢？

在说服客户的过程中，销售人员不仅要向客户解说产品，而且还要运用生动形象的语言给客户描绘一幅使用产品后带来的美好图像，这样就会极大地激起客户对这幅图的向往，并有效地刺激客户的购买欲望。

一位推销天蓝色瓷片的销售员一句话打动了顾客："在卫生间铺上这

种天蓝色瓷片，你洗澡时就有置身大海的感觉。”

在商品介绍快结束时，销售员向准备为女儿买钢琴的母亲说：“我想用不了多久，您女儿一定能在学校的表演厅里为大家演奏曲子了。”

翡翠饰品介绍快完毕时，销售员对一位30岁左右的女士说：“您看，这块翡翠的绿色就像春天的嫩草一样；再看这水头多足，润润的，好似一汪水，晶莹剔透。在炎热的夏天，您佩戴着这枚翡翠挂件，即便走在喧闹的人群里，它也能给您带来宁静、舒爽的心情。”

一位吸尘器销售员对顾客说：“请好好想一想，使用吸尘器，你可以从繁杂的家务劳动中解脱出来，这样，你就可以有更多的时间和精力关心你孩子的学习和进步，辅导他的作业，带他外出散步，和家人一同享受生活的乐趣。”

你看，在介绍产品时，用生动的语言为客户描绘一个美好的画面，可以让客户有身临其境的感觉，并有效刺激了客户的购买欲望，帮助销售人员更好地达成销售。我们再看看下面的事例：

销售人员：“张先生，你平时参加过这样的培训吗？”

客户：“参加过一个‘生涯规划’的培训。”

销售人员：“我们提供的培训可以帮助、指导你未来30年的发展路线，你可以像看电脑的发展趋势一样看到您的收入、您的健康、您的人际关系等的发展趋势。假如您可以通过这个课程完全掌握自己的整个人生过程和细节，通过您自己对这个课程的认识和了解，帮助您实现重大的成长和跨越，您有没有兴趣想了解一下？”

客户：“想。”

销售人员：“张先生，想象一下，假如今天您参加了这样一个课程，它可以帮你建立更好的人际关系，帮助您更加清晰地明确一年的目标、五年的目标、十年的目标以及您今后要做的事情，帮助您的家庭和您的孩子变得更加舒适和安康，您觉得这样好不好？”

客户：“非常好！”

销售人员：“所以，如果说您还没有尝试，你愿不愿意花一点时间尝试一下呢？”

客户：“愿意。”

销售人员：“如果当您尝试的时候，发现它确实有用的话，您会不会坚持使用它呢？如果您坚持的话，会不会因为您的坚持而一天比一天更好呢？因为每天进步一点点就是进步最快的方法，您说是不是？”

客户：“是的。”

销售人员：“所以，假如今天您来参加这3天的课程，有可能对您和您的家人都有帮助，是吧？”

客户：“是的，这样吧，你把申请表给我拿过来，我填一下。”

事实证明，销售人员为客户构造的图画越美满，越幸福，就越有吸引力，越能打动客户。上述案例中的销售人员给客户描绘了一幅成交的画面，让他想象自己已经购买了某产品或服务，而此产品或服务给他带来多大的好处。在产品介绍时，你也要为客户创造一幅景象和画面：产品会给他带来怎样的好处和利益。

打动客户的有效方法是对产品的特点和利益进行形象描述。就像一句推销名言所说：“如果你想勾起对方吃牛排的欲望，将牛排放到他的面前固然有效，但最令人无法抗拒的是煎牛排的‘嗞嗞’声，他会想到牛排正躺在铁板上，嗞嗞作响，浑身冒油，香味四溢，不由得咽下口水。”“嗞嗞”

的响声使人们产生了联想，刺激了需求欲望。

值得注意的是，利用这种方法说服客户时，要以客户的“心理体验”为核心。客户不仅消费商品本身，更希望借助消费行为来表达和传递某种意义和信息。一般说来，客户希望表达、传递的内容包括自己的地位、身份、个性、品位、情趣和认同等等。所以在说服客户时，销售人员一定要围绕客户的这种心理诉求，用富有感情色彩的语句勾勒出美好的图景，以最大程度地满足客户的心理体验要求。

当你把一幅美妙的图画销售给客户的大脑之后，就会发现从现在开始不是你一个人在跟客户沟通，客户的大脑也在跟自己沟通，他必须要购买这样的产品，因为你已经为他勾勒了购买产品之后的美妙图画。

心理引导，让客户不断地说“是”

心理学上发现，如果你能够连续地问一个人6个问题并且让对方回答6个“是”，那么第7个问题或要求提出以后，对方也会很自然地回答“是”。为什么会出现这样的情况呢？因为对方已形成一种惯性。每当你提一个问题而对方回答“是”的时候，就增强了对方的认可度，而每当你得到一个“不是”或者任何否定答案时，也就降低了对方对你的认可度。在销售中，我们也可以利用这个方法，不断提出问题，引导客户说“是”，直到销售成功。

下面是一个典型的实例：

销售人员沿街敲门，客户打开了门。

他的第一个问题就是：“请问您是这家的主人吗？”一般都会回答“是”。

第二个问题：“先生（女士），我们要在这个社区做一项有关健康的调研，相信您对健康问题也是相当关注的吧？”对方也会回答“是”。

第三个问题：“请问您相信运动和保健对身体健康的价值吗？”大多数人都会回答“是”。

第四个问题：“如果我们在您的家里放一台跑步机，让您试试，您能接受吗？当然是免费的。”因为是“免费”，一般人都不会拒绝。

第五个问题：“请问我可以进来给你介绍一下这台跑步机的使用方法吗？但是过两个星期，我们会麻烦您在我们的回执单上填上您使用的感觉，我们是想做一下调查，看看我们公司的跑步机使用起来是不是很方便。”

在这种情况下，几乎所有的客户都不会拒绝销售人员进门推销他的产品。

接下来，销售人员会接着问专家们已经设计好了的问题，而客户做的只是不停地点头，到最后，很多客户都会心甘情愿地花上几千元钱买一台跑步机。

上例中的销售员就是利用引导客户说“是”的方法，成功说服了客户。

在销售的过程中，你有没有让客户不断地说“是的，是这样”？你有没有不断地让客户不断地点头以表示对你的赞同？

如果没有的话，你就必须从现在开始改变你的谈话策略，设法让客户说“是”。实践表明，在推销中“不”的出现是最不好的开始，一旦对方说出一个“不”字，这意味着你的观点未被认可，如果对方连续说出几个“不”字的话，你最好趁早结束你的谈话，因为你的谈话并没有得到对方的欢迎。所以，如果你想改变结局，最好的办法就是改变话题，或者改变谈话的策略。先强调对方和你都赞同的部分话题，然后慢慢地在双方有分歧的部分中，找出双方都可以接受的部分，这样你就能缩短彼此的差距从而使双方达成合作，最终获得谈判的成功。在这样的模式之下，销售人员可以顺利地开始介绍产品，并且成功地说服客户，是一种非常简单又实用的销售技巧。

我们再看看下面的对话：

销售员："那么，你同意获得利润最重要的是靠经营管理有方了？"

客户："是的。"

销售员："专家的建议是否也有助于获得利润呢？"

客户："是的，那是毫无疑问的。"

销售员："过去我们的建议对你们有帮助吗？"

客户："是的，有帮助。"

销售员："考虑到目前的生产情况，技术改革是否有利于生产一些畅销商品呢？"

客户："应该说是有利的。"

销售员："如果把产品的最后加工再做得精细一点，那是否有利于你们在市场上销售呢？"

客户："是的。"

销售员："如果在适当的时间，以合理的价格推销质量好的产品，你们公司是不是会得到更多的订单？"

客户："会的。"

销售员："如果你们按照我们的方法进行试验，并且对试验结果感到满意，你们是不是下一步就准备采用我们的方法？"

客户："对。"

销售员："那么我们现在可以先签个协议吗？"

客户："可以。"

在销售过程中，设计一连串让客户点头称是的问题是非常关键的。也就是说，我们可以通过提出引起对方兴趣和注意的问题，在说服中主导谈话的方向，从而左右说服的结果。

在销售的过程中，若能一开始就让对方说“是的”，这说明销售已经成功了一半，你若能让对方连续说“是的，你说得对”，那么销售的成功就有 99.9% 的把握。然而遗憾的是，许多销售员没有做到这一点，没有让对方说“是”。他们总是顺着自己的思路强调自己的观点，总以为自己说得越多，口若悬河，滔滔不绝地证明自己的口才，很少会有人考虑到这样做，事实上，在你与客户的交流中，你必须设法让对方说“是”，因为，你们的交流决定着对方对你的反应，以及对方的决定，是与你合作，还是“否”。“是”的回答意味着对方对你的看法的许可和赞同，意味着同意你的见解或观点，意味着可以与你合作。

让对方说“是”，是一种极高明的说话的艺术。优秀的销售员可以让顾客的疑虑通通消失，秘诀就是尽量避免谈论让对方说“不”的问题。而在谈话之初，就要让他说出“是”。

攻心说服，抓住客户的心理做文章

要想说服别人，靠的不是你有多么丰富的知识，而是你要紧紧抓住对方的内心，准确地掌握对方的心理。每个人所做的每一件事，都是受一定的心理驱使的。因此，当我们试图说服别人时，一定要学会抓住对方的这种心理，并利用这种心理引导对方，让对方一步一步地走近我们的目的。在销售的过程中，说服客户也是如此。

有一位推销员在推销牛奶，他看到一位老妇人正在上楼，便立刻跑过去，对老妇人说：“您当心点，看您很累，我来扶您上去。”

老妇人：“谢谢你了，老了，腿脚不好使了。”

推销员：“怎么能这么说呢，您还要再享几十年福呢，上了年纪的人钙流失得快，要注意补钙，这样腿脚才利索。”

老妇人：“可不是嘛！不过吃钙片补充的效果不是很好。”

推销员：“喝奶的效果不错，因为人绝大多数的营养都是从饮食中获得的。阿姨，您看这样，我们刚好有低脂高钙的鲜奶，您喝喝试试看。”

老妇人：“听起来确实很好，那我就试试看。”

这位推销员之所以能成功地说服客户，就在于他发现了老妇人“缺钙”这个要害，从而以健康为切入点找到了客户的潜在需求。

因此，在我们说服客户时，不妨也运用一下这种战术——抓住对方的心理，并利用这种心理作文章。在说服过程中，使自己的每一句话、每一个动作都与对方的这种心理相符合，并让对方明白，自己所做的一切，都是有利于他的这种心理的。这样，我们就通过这种方式，引导对方被自己的心理所感动，并接受我们的建议。至此，我们也达到了自己的目的。

一天，一位西装笔挺的男士走到玩具柜前，售货员立即走过来接待。男士伸手拿起一只声控的玩具飞碟，仔细地看了起来。

“先生，您好，请问您的小孩儿多大了？”售货员微笑着，很有礼貌地问道。

“五岁。”男士答道，并把玩具放回原处，去看其他的玩具。

男士不经意的回答，却使售货员顿时兴奋起来。因为从这个简单的信息中，她找到了说服对方的突破口。于是，她热情地说：“五岁！五岁正是玩这种玩具的年龄，这种飞碟也正是为像他这样大的孩子设计的。”

说着，她打开了玩具飞碟的开关，并拿出声控器，开始熟练地操作，前进，后退，旋转，男士看得津津有味。这时，售货员又说道：“玩这种飞碟，不仅可以锻炼小孩子的头脑，而且还可以培养他们的领导意识。”说完后，她把声控器递到男士手中，详细地向他介绍了怎么操作，并让他实际操作了一番。

终于，男士发出了求购信息。

“一套多少钱？”

“20美元。”

“贵了点儿。”

“先生，你想想看，这套玩具不仅可以开发令郎的智慧，还可以培养他的领导才能，跟这些比起来，20美元到底值不值？”

于是，这位男士拿起了玩具，到付款台付款去了。

在这个例子中，售货员就是抓住了男士的爱子心理，并很好地运用了这种心理。当男士放下玩具想到别处去时，她不失时机地说这种玩具正是为五岁的儿童设计的，并指出了孩子玩这种玩具的两大好处。这样，就引导男士开始询问价钱。而当男士嫌价钱太贵时，售货员又将玩具对孩子的好处和价钱相比，指出这样的价钱是合适的。这样，男士最终打开了腰包。

在整个过程中，售货员时时抓住男士的爱子心理，将玩具和价格都与孩子联系起来，表面上是玩具打动了男士的心，其实，是他被自己的爱子之心打动了。而售货员正是巧妙地运用了这种方式，才最终说服了男士，达到了自己的目的。

所以说，要使说服获得成功，就要找到客户的需求点，找到客户的弱点与软肋进行重点突破，并及时满足客户。把销售的理由变成客户需要购买的理由，由推销员的“我要卖”转变为客户的“我要买”。以客户为中心，以需求为导向，找到客户的软肋——这才是说服的关键所在。

说服客户是一场激烈的心理战，战场的情况虽然千变万化，但是只要通过客户言语中的动态，掌控住客户的心理诉求，那么，你就可以轻松地搞定客户了。

权威效应：用最有力的证明说服客户

在销售的过程中，你是否经常会为这样的问题产生苦恼：自己已经将产品的基本信息传达给了客户，而且没有一丝虚伪和夸张，可是客户看上去仍然不相信自己。即使你反复强调产品的种种优势都无济于事。客户到底在担心什么呢？不要说销售人员难以理解，就连客户自己可能都不太清楚。

面对客户这种难以理解的质疑时，建议你可以考虑运用权威效应来打消客户的疑虑，赢得客户对产品的信赖。

权威效应，又称为权威暗示效应，是指一个人要是地位高，有威信，受人敬重，那他所说的话及所做的事就容易引起别人的重视，并让他们相信其正确性，即“人微言轻、人贵言重”。

有个心理学家曾做过这样一个实验，充分证明了权威效应。心理学教授在给一所大学心理学系的学生上课时，向学生介绍一位从外校请来的俄语教师，说这位俄语教师是从俄罗斯来的著名化学家。在试验中，这位“化学家”煞有介事地拿出了一个装有蒸馏水的瓶子，说这是他新发现的一种化学物质，有些气味，请在座的学生闻到气味时就举手，结果大多数学生都举起了手。对于本来没有气味的蒸馏水，由于这位“权威”的心理学家的语言暗示，使多数学生都认为它有气味。

这正是权威效应的奥妙之所在。有人群的地方总会有权威，人们对权威普遍怀有尊崇之情，人们对权威的深信不疑和无条件遵从，会使权威形成一种强大的影响力，利用这种权威效应则可以在很大程度上影响和改变人们的行为。

在现实生活中，“权威效应”的应用很是广泛，如许多商家在做广告时，往往高薪聘请知名人物做形象代言人，或者以有影响的机构认证来突出自己的产品，以达到增加销售量的目的。

某出版社因业务扩张需要招聘一位优秀的编辑。经过千挑万选后，有三个人进入了最后的面试。这三个人的编辑技能不分上下，都是总编需要的人才。但名额只有一个，这让负责招聘的人员非常为难，不知选谁好，于是，招聘人员让这三个人先回去，等候通知，决定录用谁就给谁打电话。

在这三个人中，有个名叫刘平的小伙子，他心想，与其坐以待毙，不如主动出击。等其他两个人走后，他恭恭敬敬地递给招聘人员一本书，说：“这是我以前的作品，请斧正。”看到刘平如此恭敬，招聘人员不好意思拒绝，于是接过这本书准备随便翻翻。当招聘人员翻开第一页时，他们吃惊地发现，这本书的序言居然是某著名作家写的，便问刘平和那位作家是什么关系。刘平用平淡的语气说那是他的伯父。招聘人员听后，立即说：“恭喜你成为我们出版社的一员。”

刘平借助这位作家的名气，帮助自己应聘成功。

看来，在劝说他人支持自己的行动与观点时，恰当地利用权威效应，不仅可以节省很多精力，还会收到非常好的效果。

在销售员进行销售时，“权威效应”同样奏效。比如鞋店老板受到投诉最多的是客户总抱怨左脚的鞋不好穿或者觉得两只鞋子的大小不一样。面对这种情况，如果不处理好客户的抱怨，会导致客户要求替换一双新的鞋子或者直接退货。如果长此以往，难免因亏损而破产。这种时候，店老板只要以权威的口气安慰客户说：“您是知道的，一般来讲，人的左脚总是要比右脚大一些。”这样来，大多数的客户都能在心理上接受。

这是专业化的建议和劝说，采取的是利用“权威效应”对客户进行暗示的心理谋略。此方法非常奏效。客户对自己没有把握的产品，如果行家之言是正确的，那么客户便会对该品的质量和信誉深信不疑。因此，商店在面对客户投诉的时候，与其让普通店员去处理，不如老板亲自接待，效果会更好一些。

在现实生活中，人们往往喜欢购买各种名牌产品，因为它有明星的代言，有权威机构的认证，有社会的广泛认同，这样可以给人们带来很大的安全感；还有学生们在购买参考书和练习试题时，也是选择有名的出版社，著名的教授学者所编写或推荐的，他们认为从权威处可以获得更多的益处。这都是在销售过程中，权威效应起到的巨大影响力。因此，如果销售员能够巧妙地运用权威引导力，则能对销售起到很大的促进作用。

一位顾客来到电器商店买冰箱，他挑了又挑，不是嫌太大，就是嫌功能不全，要么就是嫌安全系数不高……两个推销员围着他转了一上午都没有找到一款令他满意的冰箱。

“先生，根据您的需求，您左面那款从功能、型号、材质和安全系数上来看是最能满足您要求的了。”一个推销员最终说道。

“看来也就这款了，你们就没有更好的吗？”这位先生仍然不满足。

“先生，这款冰箱已经囊括了本领域最先进的科技，恐怕就国内产品而言，没有哪一系列的冰箱能与它相提并论。”

“但是这种暗红色太老气了。”他看着冰箱喃喃地说。

“这种红色其实很凸显档次的，国际知名的设计大师为了使冰箱能够衬托出家具的整体美感，特意调配出这种红色。当然我们还有白色、浅绿色、米黄色等颜色，您喜欢哪种颜色呢？”

“那些颜色听起来并不怎么样。”

“所以您一开始的选择才是最正确的，与名设计师一拍即合。”推销员立刻迎合道。

最终，这位百般挑剔的先生终于下定决心把这款暗红色的冰箱买了回去。

权威本身就意味着力量，借用权威的力量可以让别人信服你。上例中的顾客再怎么挑剔，他的观点毕竟没有专业人士的观点更具权威性，因此这位推销员借助这一点成功地为顾客“封口”，使其找不到任何挑剔的借口。

权威效应是一种可以诱导他人心理的心理暗示，也是一种最常见的销售技巧。在销售中，销售员恰当地运用“权威效应”，便能够消除客户的一些顾虑，改变客户的一些想法，使客户更加确信买你的产品。这是个非常有效的方法。

第七章

心理沟通：把话说到客户心里去

用“幽默之钥”打开客户的心门

心理学家认为，幽默是一种最富感染力、最具有普遍传达意义的交际艺术。幽默在人际交往中的作用是不可低估的，俗话说“笑一笑，十年少”，人们大多喜欢和具有幽默感的人交往，因为他们能给人带来一种心灵上的愉悦和轻松。对于销售员来说，要想在市场上来往穿梭，游刃有余，不仅要有良好的心态、专业知识、专业技能，还要有幽默的语言和幽默的动作，让客户在欢笑中喜欢你，接受你的服务；让客户在快乐中欣赏你，购买你的产品。

一名消费者在面对一位女业务员时，一脸无奈地说：“你们这些业务代表老是一股劲儿地逼人家买东西！”女业务员经验老到，她不疾不徐地拿出名片，递给这名顾客看，“瞧，上面写着‘业务代表’没错，我是想把东西卖给你，你也清楚这点，不过，你不需要的东西，我会尽可能不卖给你。”顾客听后，咧嘴笑了笑。女业务员顺手拿起办公桌上的名片说：“您的名片上写着‘采购经理’。这样吧，我尽全力——卖东西，你也铆足劲儿——采购，怎么样？”结果，这位女业务员谈成了这笔生意。

这就是幽默的力量。如果你能让客户开怀大笑，你就能赢得客户。在销售中，交易的本身容易让客户充满戒备与敌意，如果销售员能够适当地运用幽默的技巧，就可以消除客户的紧张情绪，使整个商谈过程变得轻松愉快，充满人情味。所以，幽默的销售员更能获得客户的欢迎，取得他们的信任，促使交易走向成功。

一名房地产经纪人领着一对夫妇向一栋新楼房走去，他准备拿下这几天来的第一笔单子。一路上，他为了推销这套房子，一直喋喋不休地夸耀这栋房子和这个居民区。

“这是一片多么美好的地方啊，阳光明媚，空气洁净，鲜花和绿草遍地都是。这儿的居民从来不知道什么是疾病与死亡。”

就在这时，他们看见一户人家正在忙碌地搬家。这位经纪人马上说：“你们看，这位可怜的人……他是这儿的医生，竟因为很久一段时间都没有病人光顾，而不得不迁往别处谋生了！”

一时间，这对夫妇捧腹大笑，原来绷紧的脸放松下来，与地产经纪人热情地聊了起来。后来，双方果然签了一笔单子。

幽默可以说是销售成功的金钥匙，它具有很强的感染力和吸引力，能迅速打开客户的心灵之门，让客户在会心一笑后，对你、对商品或服务产生好感，从而诱发购买动机，促成交易的迅速达成。

美国一项有 329 家大公司参加的幽默意见调查表明：97% 的销售人员认为，幽默在销售中具有很重要的价值；60% 的人甚至相信，幽默感决定销售事业成功的程度。出色的销售人员，是一个懂得如何把幽默的艺术融入商品销售中的人。

原一平曾经为自己矮小的身材而苦恼过，但后来他想通了，遗传基因是难以改变的，克服矮小的最佳办法就是坦然接受，然后设法将这缺点转化为优点。

有一次，原一平的上司高木金次对他说：“体格魁梧的人，看起来相貌堂堂，在访问时较易获得别人的好感；身体矮小的人，在这方面会吃大亏。你、我均属身材矮小的人，我认为必须以表情取胜。”

原一平从这番话中获得了很大的启发。从那时起，他就以独特的矮小身材，配上他经过苦练得来的各种幽默表情和幽默语言，在他向客户介绍情况时，经常能逗得大家哈哈大笑，令人觉得他很可爱。如他登门向人家推销寿险业务时，经常有以下一些对话：

“您好！我是××保险的原一平。”

“啊！你们公司的业务员昨天才来过，我最讨厌保险了，所以他被我拒绝了！”

“是吗？不过，我比昨天那位同事英俊潇洒吧！”原一平一脸正经地说。

“什么？昨天那个仁兄长得瘦瘦高高的，哈哈，比你好看多了。”

“矮个子没坏人，再说辣椒是越小越辣哟！”

“哈哈！你这个人真有意思。”

就这样，原一平与每一个客户交谈后，都能给客户留下深刻的印象，生意往往就这样做成了。原一平以出色的幽默推销法连年取得全国最佳的推销业绩，被尊称为“推销之神”。

向客户推销是一个从陌生到熟悉的过程。刚开始，销售员对客户来说全是陌生人，并不被客户了解。如果销售员在访问会谈时随时展现笑容，对人和蔼可亲、谈吐风趣，对于销售产品当然助益很大。

不论如何，总要设法把准客户逗笑了，然后自己跟着笑，当两个人同时开怀大笑时，陌生感消失了，彼此的心也就在某一点上面沟通了。这不仅增添了谈话的趣味，也因为你的思维敏捷和机智而博得顾客的好感。

总而言之，对于销售人员而言，把幽默带进销售领域，创造一个与顾客齐声大笑的场面，形成幽默的销售艺术风格，在激烈的市场竞争中就会多一份获胜的希望和意外的欣喜。

巧妙提问，引导客户说出内心的需求

有句谚语：“明智的提问比明智的回答更为困难。”提问的意义在于作为一个引子，打开客户的思路，以利于沟通进行。在销售中，恰到好处地使用“投石问路”的方法，你就会为自己一方争取到更大的利益。

销售的秘诀在于找到客户内心最真实的想法。那么，怎样去挖掘客户内心这种往往深藏不露的真实想法呢？有一个简单的办法就是不断提问。每一个提问都是一颗探路的石子。你问得越多，客户答得越多；答得越多，暴露的情况就越多，这样，你就一步一步化被动为主动，成功的可能性就越来越大。销售人员通过巧妙地运用提问技巧，就能使客户说出他们对购买产品或服务犹豫不决的真正原因是什么，以及他们最大的顾忌又是什么。一旦客户向销售人员敞开心扉，说出自己的顾忌，销售人员也就真正了解了客户拒绝购买的原因，也就知道该如何妥善解决这些问题了。

看看下面的对话，或许你可以从中受到启发：

销售员：“上次，您谈到电脑的性能可以满足3~5年的需求。这怎么理解呢？”

客户：“现在电脑产品更新很快，我们希望笔记本电脑能够用得久一点。”

销售员："确实是这样。我记得几年以前，电脑的主频只有 200 M，现在的主频已经到了 3.0G，您觉得电脑使用时间的主要瓶颈在哪里？或者说三五年以后，笔记本的哪些配置会成为使用的障碍？"

客户："我想听听你在这方面的看法。"

销售员："您看看我这几年用电脑的情况您就知道了。几年前，我的电脑是 256MHz 的主频，64MB 的内存，40GB 的硬盘。3 年下来，我已经将硬盘升级到了 160GB，内存升级到了 1GB。屏幕技术发展比较稳定，没有必要升级。主板的设计造成 CPU 不能用市面上的 CPU 来升级。考虑到内存的升级最容易而且价格下降较多，内存现在只要够用就行了，以后可以很方便地升级。为了能够使您的电脑用得时间长一些，您应该在 CPU 的主频和硬盘方面的配置高一些，显示屏应该使用 19 英寸的，这样在几年之内都会是顶级配置。"

客户："你建议的配置呢？"

销售员："现在生产的电脑 CPU 有酷睿双核、弈龙和一些四核高端产品。奔四马上就要停产了。而且 Intel 的 CPU 最近会降阶，我建议您采用 E5300 的 CPU。您使用的数据量很大，考虑到以后升级硬盘时要淘汰现有的硬盘，所以我建议您这次的硬盘配到 1TB。内存就使用 2GB 就可以了，屏幕选择 19 英寸的屏幕。"

客户："有道理。"

只有通过提问发现客户需求，才能迎合他们的心理，从而赢得订单。从这个案例可以看出，销售员通过提问去帮助客户发现自己内心的需求，销售就会变得易如反掌。因此，销售人员必须有针对性地提问，要让客户有机会吐露自己心中的真情实感，这样，销售人员不仅能够透彻地了解客户的问题，而且能够消除客户心中的疑虑。

中国有句古话："善问者能过高山，不善问者迷于平原。"如果想使交谈愉快地进行，巧妙提问是关键。巧妙的提问不仅能获得自己想得到的信息，而且还能令对方心情舒畅，而不当的提问，常使交谈失败。所以，销售高手会通过一系列别有用心的、精心设计的问题来引导客户的思路，从而达到销售的目的。

机械设备厂的小刘经常打破公司的销售记录。在公司的经验总结大会上，小刘说出了他的销售秘诀：经常对客户进行有针对性的提问，可以让客户在回答问题的过程中对产品心生认同。这名销售人员经常在与客户谈话之初就进行提问，直到销售成功。以下是他的几种典型提问方式。

"您好！听说贵公司打算购进一批机械设备，能否请您说说您心目中理想的产品应该具备哪些特征？"

"我很想知道贵公司在选择合作厂商时主要考虑哪些因素？"

"我们公司非常希望与您这样的客户保持长期合作，不知道您对我们公司以及公司的产品印象如何？"

"如果我们的产品能够达到您要求的所有标准，并且有助于贵公司的生产效率大大提高，您是否有兴趣了解这些产品的具体情况呢？"

"您可能对产品的运输存有疑虑，这个问题您完全不用担心，只要签好订单，一个星期之内，我们一定会送货上门。现在我想知道，您打算什么时候签订单？"

"如果您对这次合作满意的话，一定会在下次有需要时首先考虑我们，对吗？"

从上面的例子中可以看出，小刘的提问是有系统性和针对性的：他先是弄清了客户的需求，为自己介绍公司及产品做好了铺垫，并且引起了客户对公司的兴趣，然后站在客户的立场上再提出问题，对整个洽谈局面进行有效的控制，最终促成交易，并为以后的长期合作奠定基础。

事实证明，销售员通过巧妙地提问，就能使客户说出他们对购买销售员推销的产品或服务犹豫不决的真正原因是什么，以及他们最大的顾忌又是什么。一旦客户向销售员敞开心扉，说出自己的顾忌，销售员也就真正了解了客户拒绝购买的潜在原因，也就知道该如何妥善解决这些问题。因此，销售员详细地向顾客提问，尽可能找出自己需要的、产品完全符合顾客的各种信息，这是必不可少的。

销售是一门说服的艺术，但如果只有说，而没有问，销售工作就会走入一条死胡同。所以，在适当的时间提出适当的问题，是一个优秀的销售员做出的聪明选择。世界级销售培训大师伯恩·崔西说："如果你能提问，就永远不要开口说。"正确的提问才能引起客户的注意，引发客户的思考，掌握主动，取得销售的成功。所以，把说话的机会留给客户，并用适当的发问引导客户说下去，是销售取得成功的关键所在。

真诚赞美，满足客户的自尊心

大文豪马克·吐温曾经说过："一句美妙的赞语可以使我多活两个月。"细想起来，这句话不无道理。马克·吐温坦诚地倾吐了我们人类所共同需要的精神食粮——赞美。

心理学家认为，大多数人都喜欢听漂亮话，喜欢被人赞美，有时候明明知道这些赞美之辞都是言不由衷的话，但仍喜欢听。因为人是虚伪的动物。在销售中，如果能适当地恭维顾客，给他一顶高帽子戴戴，一旦他飘飘然，那你的销售就一定会成功。

李强是一家保险公司的推销员，他的业绩一直不错，他拜访的客户里，每10个中至少有六七个会买他的保险。

一天，李强像往常一样出发，进入一家商店以后，他热情地对老板说："您好，我初到贵地不久，有些事情想请教请教您这位远近闻名的老板，不知是否可以？"

"什么？远近闻名？是我吗？"老板满脸的疑惑。

"是啊，我四处打听了一下，大家都说您是解决这个问题的最好人选。"

"哦？大家都说？我还真不敢当啊，不过你倒可以说说具体是什么事，我看看能不能帮上忙。"老板高兴地说。

"实不相瞒，是这样的……"

"嗨，站在门口多不方便，进来谈！"

就这样，李强轻而易举地取得了老板的好感，推销工作有了良好的开端。

真诚地赞美顾客，这是令顾客"开心"的特效药。适时地向客户传递你的赞美和钦佩之意，使客户感觉受到了你的重视和欣赏，这样就很容易捕获客户的心，使客户信赖你，喜欢你，倾心于你。

一个顾客在一款地砖面前驻留了很久，导购走过去说："您的眼光真好，这款地砖是我们公司的主打产品，也是上个月的销售冠军。"

接着，顾客问道："多少钱一块啊？"导购说："这款瓷砖，折后的价格是150一块。""有点贵，还能便宜吗？"显然，顾客不满意产品的价格。

于是，导购就转移话题，询问顾客在哪个小区居住。

得知顾客居住的小区后，导购又展开了心理攻势："您居住的那个小区是市里很不错的楼盘，那里的绿化非常漂亮，而且室内的格局都非常不错，交通也很方便。买这么好的房子，我看就不用在乎多几个钱了吧？还有，我们最近正在你们的小区搞促销，这次能给您一个团购价的优惠。"听到这里，顾客来了精神，"那太好了，可是我现在还没拿到钥匙呢，不知道具体的室内面积怎么办呢？"导购说："这个不用急，我们按规定达到20户以上才能享受优惠，今天加上您这一单才18户，还差2户。不过，您可以先交定金，我给您标上团购，等您出来了，再告诉我具体情况。"

就这样，导购出手漂亮，让顾客提前交了定金。一周之后，这个订单就轻松搞定了。

每个人都希望得到别人的称赞和关心，客户也是如此。适当地赞美一下你的客户，是唤起客户注意的有效方法。每当你赞美客户的成就、特质和财产时，就会提高他的自我肯定，让他更得意。只要你的赞美是发自内心的，别人就会因为你而得到正面肯定的影响，他们会对你产生好感，他们会增加对你的满意度。

但是销售人员一定要清楚：对客户的赞美并不是溜须拍马，也不是阿谀奉承，而是真正的发自内心的赞美。虽然赞美和拍马屁都在对对方进行颂扬，也是为了博得对方的好感，但是赞美不会伤害自己的尊严，而拍马屁则通常是建立在不自尊自爱的基础上的。如果你的赞美完全是为了拍马屁，当客户感觉你的话中有明显的"拍马屁"成分时，反而会招致客户的反感，更加剧客户对你的戒备。

王刚是一名文化用品推销员，他总结自己的销售经验时，说："接近客户，并不是一味地向客户低头行礼，也不是迫不及待地向客户说明商品，这样做反而会使客户逃避。当我刚进入企业做销售人员时，在接近客户时，我只会销售汽车，因此往往无法迅速打开客户的'心防'。在无数次的体验、揣摩后，我终于体会到，与其直接说明商品，不如谈些有关客户太太、小孩的话题，或谈些类似的事情。让客户喜欢自己，关系着销售业绩的好坏。但是你要注意一点，那就是：赞美客户会赢得他们的喜爱，对客户溜须拍马则会让他们疏远你。"

有一次，王刚偶然从一个幼儿园得到孩子们的联系方式，就根据上面的地址到客户家里拜访。有一家接待他的是这家的女主人，他敲开门后，向开门的女士说的第一句话是："哟，你就是女主人啊！你真年轻，实在看不出已经有孩子了。"

女主人说："咳，你没看见，快把我累垮了，带孩子真累人。"

王刚说："那是，在家的时候我妻子也老抱怨我，说我一天到晚在外面瞎跑，一点也不尽当爸爸的责任，把孩子全留给她了。"

女主人深有同感地说："就是嘛，你们男人就知道在外面混。"

王刚笑了笑，接着说："孩子几岁了？真漂亮！上幼儿园了吧？"

"是啊，今年孩子刚上的幼儿园。"

"多伶俐，真可爱，孩子慢慢长大，他们的教育与成长就成为我们做大人最关心的事情了，谁不望子成龙，望女成凤，我每隔一段时间就会买些这样的磁带放给他们听。"

随后，他就取出了自己所销售的产品——幼儿音乐磁带，没想到女客户想都没有多想，就问："一共多少钱？"然后她毫不犹豫地买了一套。

这个案例中王刚的成功之处就在于他正确地赞美了那位女客户，并与之建立了良好的信赖关系，使得女客户放松了戒备，后来的成交也自然是情理之中的事情了。

真诚、真切的赞美总会让客户感觉开心，感觉愉快。这样，销售人员在与客户谈业务的时候，就更容易达成默契，形成合作关系。

真心的赞美有以下几种：

1. 称赞客户的衣着。例如，“我很喜欢你的领带！”或者是“你穿的毛衣很好看。”

2. 称赞客户的小孩。例如，“你的儿子真可爱！”或者是“你的女儿好漂亮，她几岁？”

3. 称赞客户的行为。例如，“对不起，让您久等了，你真有耐心。”或者是“我发现你刚刚正在检查……你真是个谨慎的消费者。”

4. 称赞客户自己拥有的东西。例如，“我喜欢你的汽车，这辆车是哪一年出厂的？”

贴切的赞美往往会迅速缩短销售人员与客户之间的心理距离，从而达成有效销售的目的。鼓励和赞美你的客户，使客户有一种满足感和成就感，把他当作你的知心朋友，一生一世的朋友，这对你的销售工作有着不可估量的作用。

激发好奇心，吸引客户的注意力

在销售过程中，如果你不能在最短的时间里，用最有效的方法来吸引客户的注意力，那么你对客户说什么都是无效的。所以，与其你滔滔不绝地讲你的产品，表明你的产品具有怎样的价格优势，都不如你想想要怎样才能转移客户的注意力。唯有当客户将所有的注意力放在你身上的时候，你才能够真正有效地开始你的销售过程。

心理学家认为，人的本性是不满足，好奇心就是人们希望自己能知道或了解更多事物的不满足心态。在销售实践中，销售人员可以通过激发客户的好奇心来吸引客户的注意力。这样做的一般步骤是：首先唤起客户的好奇心，引起客户的注意和兴趣，其次再寻找机会道明你的真实意图，并迅速转入面谈阶段。

小李是一位销售电饭锅的销售员。一次，他去拜访顾客，打过招呼后，小李说："您想不加水也能煮出一锅美味的靓汤吗？"

小李的开场白很巧妙，他提出一个很有趣的问题——不加水也能煮汤，自然吸引了顾客的兴趣，因为他打破了"无水不成汤"的铁律，顾客立即就想见识一下这种神奇的电饭锅。因此，开场白一定要说到顾客的心里去，巧妙地引起顾客的注意力，让顾客对自己销售的产品产生好奇心。

这位顾客笑了起来，"这怎么可能呢？不加水就能煮了一锅汤不是天大的笑话吗？"

"怎么没有，您看。"小李说着就从包里拿出他带来的电饭锅，"用这个电饭锅就能实现这个梦想。怎么，您不信？没关系，眼见为实，试过您就相信了。"说完，小李就开始行动起来，把原料放进锅里，插上电源，按了一下开关。"您肯定会问为什么不加水也能煮汤，其实就是因为我们的锅在烹饪时不冒气，所以水分就不会散失，食物在高温作用下细胞中的水分被释放出来，就可以形成一锅美味的汤汁。"要想让顾客相信自己所说的话，就要让他们看到真正的实例，顾客也不会辩驳，也会使你言之凿凿，有理有据。小李为了让顾客相信这个电饭锅的作用，当场煮了一锅汤，让他们被热乎乎的美味征服。

没过多久，汤就做好了，顾客一品尝，汤汁鲜美，还有一股浓浓的肉味，真是不错。小李趁机解释说："我们这种电饭锅不仅不用水还不用煤气，而且有一个独特之处就是它在烹饪时始终不沸腾，因为应用了我们独有的'温压精确控制'技术，烹饪时不溢锅、不冒气、无污染，使用起来安静更安宁。"

小李的成功虽然有各个方面的原因，但最关键地是他一开始就牢牢地吸引住了顾客的注意力，让其一直被自己所左右。顾客的每一步反映都是基于不用加水就能煮汤的好奇中。从这个例子可以看出，只要你可以吸引客户的注意力，引起客户的兴趣，那么客户便乐于与我们继续交谈下去。

众所周知，好奇心的产生是因为外界的现象对大脑产生了一种刺激，使大脑的某些区域处于一种亢奋的状态中，进而引起人对外界事物产生了关注的心态。在现代营销学中，一些营销专家通常会把这种心理运用到营销策略中去，并明确地指出了能够引起客户好奇心的重要性，即谁能够引起客户的好奇心，谁就有了成功推销的基础。

有一家新开张的饰品店，里面陈列的商品均造型奇特。为了能够以最快的速度引起广大消费者的关注，该店请来二十多位年轻貌美的女孩，让她们穿着光彩照人的晚礼服，打扮得魅力四射，然后集体在街上走。路人对这些惊艳四射的美女纷纷侧目相视，很多人甚至不知不觉地跟着她们游走。只见这群女孩一起走进了新开的饰品店，进去后就再也没有出来，行人很好奇，于是也跟着进了店里，结果发现这些琳琅满目的商品，忍不住就买了一些。这样一来，仅在开张的第一天，这家店就大赚了一笔。

由此可见，巧妙利用顾客的好奇心理，吸引其眼球，往往能激发他们的购买欲望，带来销售的狂潮。

每个人都有好奇的天性，一旦有了某个疑问，就必须得探个究竟不可。在销售活动中，利用人们的好奇心理，采取以“奇”标新的独特方式，引发人们的好奇感，是赢得顾客的一种招数，也是拉近与客户之间心理距离的有效策略。

某地毯销售人员对顾客说：“每天只花一角六分钱就可以使您的卧室铺上地毯。”顾客对此颇感惊奇，销售人员接着讲道，“您的卧室有12平方米，我厂地毯价格每平方米为24.8元，这样需297.6元。我厂地毯可铺用5年，每年365天，这样平均每天的花费只有一角六分钱。”

销售人员制造了神秘气氛，引起对方的好奇，然后，在解答疑问时，很巧妙地把产品介绍给了顾客。

出奇才能制胜。销售人员要多开动脑筋，利用人的好奇心理，了解怎样才能吸引消费者的注意，并刺激他们购买商品。

当然，要想运用客户的好奇心拉近彼此之间的心理距离，并促成销售，前提条件一定是产品质量过硬。否则，即便有奇特、新颖的招数，也难以让劣质产品受到大家的欢迎。

总而言之，成功吸引客户的关键在于激发他们的好奇心。如果销售员能合理地利用客户的好奇心，那么你的推销之路将会走得更顺畅、成功。

耐心倾听，满足客户倾诉的心理

许多人认为，销售人员的功夫主要靠“铁齿铜牙两片嘴”，卖弄的是嘴皮子。其实，在现实销售工作中，那些讲话滔滔不绝、才华横溢、聪明绝顶的销售人员却不能够成为销售冠军，而是那些善于倾听、大智若愚的销售人员夺取了桂冠。倾听是了解客户需求的第一步。销售不是要“喋喋不休”或“高谈阔论”，而是要拿出更多的精力来听。你要善于听取客户的要求、需要、渴望和理想，善于听取和搜集有助于成交的相关信息。作为销售人员，你要知道，有时候听比说更重要。

在美国，曾有心理家对同一批受过训练的保险推销员进行过研究。因为这批推销员受过同样的培训，业绩却差异很大。科学家取其中业绩最好的 10%和最差的 10%做对照，研究他们每次推销时自己开口讲多长时间的话。

研究结果很有意思：业绩最差的那一部分，每次推销时说的话累计为 30 分钟；业绩最好的 10%，累计只有 12 分钟。

大家想，为什么只说 12 分钟的推销员业绩反而高呢?

很显然，他说得少，自然听得多。听得多，对顾客的各种情况、疑惑、内心的想法自然了解得多，自然他会采取相应的措施去解决问题，业绩自然优秀。

善于倾听，还能使你有好人缘。因为一般人喜欢讲，不善于听。因此，他喜欢讲，你正好喜欢听，那自然是一种特别和谐、美妙的组合。

杰尔·厄卡夫是美国自然食品公司的推销冠军。这天，他像往常一样将芦荟精的功能、效用告诉给女主人，但女主人并没有表示出多大的兴趣。

厄卡夫立刻闭上嘴巴，并细心观察。突然，他看到女主人家的阳台上摆着一盆美丽的盆栽，便说：“好漂亮的盆栽啊！平常真是很难见到。”

“没错，这是一种很罕见的品种，叫嘉德里亚，属于兰花的一种。它真的很美，美在它那种优雅的风情。”女主人听到厄卡夫对自己盆栽的赞美，便来了兴致，说道：“这个宝贝很昂贵的，一盆就要800美金。”

“什么？800美金？我的天哪！每天是不是都要给它浇水呢？”

“是的。每天都要很细心地养育它……”

于是，女主人开始向厄卡夫讲授所有与兰花有关的学问，而厄卡夫也聚精会神地听着。

最后，女主人说：“就算我的先生也不会听我唠唠叨叨讲这么多，而你却愿意听我说了这么久，甚至还能够理解我的这番话，真是太谢谢你了。希望改天你再来听我谈兰花，好吗？”随后，她爽快地从厄卡夫手中接过了芦荟精。

在销售过程中，要用心去倾听客户的话语，给客户足够的倾诉时间，时刻保持一种对他所说内容感兴趣的状态，让客户从心底里对你有一种心理认同感。如果你让客户高兴，他就会让你更高兴；如果你让客户的嘴巴舒服，他就会让你的钱包饱满。经常表现得对客户的话非常感兴趣，并总是侧耳倾听，很快你就会发现，订单也许会主动地来找你。

事实上，销售高手都知道，在销售中有一种最简单的销售方法，它就是“倾听”。“雄辩是银，倾听是金”这句话更是销售中的金言。英国克兰菲尔傅管理学院的H.E.麦克唐纳博士在他编撰的《神奇推销术》一书中，发表这样的看法："让客户充分地表达他的异议，即使你知道他下一句要说什么，也不要试图打断他。对客户要有礼貌，要认真听他所说的，尽力做出反应，给予巧妙的而非狡诈、装腔作势的回答。没有一个买主会喜欢自作聪明的推销员，除非推销员表现出对买主及其问题有兴趣，否则他永远不会赢得买主的信任。"客户在和销售员交谈时，都希望销售员能够耐心地听自己倾诉。一个不懂得倾听，而是滔滔不绝、夸夸其谈的销售员不仅无法得知有关客户的各种信息，还会引起客户的反感，导致销售最终失败。无论怎样，要想成为一名成功的销售员就应当谨记，在客户兴高采烈地谈论的时候，最好做一名忠实的听众。当你这么做的时候，你会发现客户已大大提升了对你的认同度。

张楚明是个能说会道的人，他对自己一向很有自信，但是自从从事销售工作以后，反而变得不自信起来，因为无论他说得多么动听和感人，客户不但不为之所动，还断然拒绝了他的推销。为什么客户不购买他的商品呢？他百思不得其解，觉得自己的商品质量很好，价格也很合理，自己又尽量把这些信息都传达给客户，没有什么不合理的地方，客户却选择拒绝，真是莫名其妙。

相比之下，其他同事的业绩却比自己好很多，于是张楚明便虚心地向同事请教，询问如何才能让客户接受自己的产品。同事问张楚明是如何进行推销的，张楚明把自己的销售方式叙述了一遍，同事说："这样的推销方式就是你失败的原因！"张楚明很纳闷，"为什么啊？"

同事说："客户最重视的是自己，他们希望买到的是自己最喜欢的、最需要的商品，这样客户才会产生购买的欲望。所以你所提供的商品要围绕客户，要成为他们自己想要购买的，而不是你想卖给他们的。而你在推销商品的时候，只是一味地介绍产品的质量有多好，有多畅销，你注重的只是自己的商品，没有考虑到客户的感觉，所以客户才会拒绝你的推销。”

张楚明点点头，知道了自己应该怎么做。在之后的销售中，张楚明再也不以自己为中心，而是尽量倾听客户的要求和需要，以及客户最需要的款式和档次，并仔细地为客户分析该产品能够带来的利益，以及什么样的选择最合算。结果他很快就赢得了很多客户的青睐，销售业绩也有了突飞猛进的提高。

大多数的人都喜欢“说”而不喜欢“听”，特别是没有经验的推销员，认为只有“说”才能够说服客户购买，但是客户的需求、客户的期望都是由“听”而获得的。如果你不了解客户的期望，你又如何能达成取得订单的愿望呢?

最优秀的推销员，不一定是最能说的人。老天给我们两只耳朵一个嘴巴，本来就是让我们多听少说的。善于倾听，才是一名优秀推销员最基本的素质。

一般来讲，销售人员在运用倾听技巧的时候，要注意以下几点：

1. 注意客户的隐蔽性话语。销售人员要特别注意客户的晦涩语言，模棱两可的语言，要记录下来，认真质询客户，观察伴随动作，这也许是他故意用难懂的语言，转移你的视线与思路。

2. 倾听的专注性。要尽量排除干扰，集中精力，以开放式的姿势，并认真思考，积极投入地倾听客户的陈述。

3. 要认真分析客户话语中所暗示的用意与观点，整理出其中的关键点。

总之，善于倾听是了解客户需求的第一步。销售不是要“喋喋不休”

或“高谈阔论”，而是要拿出更多的精力来听。善于听取和搜集有助于成交的相关信息是非常重要的。作为销售人员，你要知道，有时候听比说更重要。

积极沟通，化解客户的抱怨心理

在与客户的沟通过程中，我们经常会听到客户的抱怨，如价格高、质量差、服务不到位等。客户的这种抱怨是客户不满意的一种表现，如果销售人员不能处理好，很可能会给自己的工作带来负面的影响。时间一长，产生的破坏力就不可估量。因此，要正确处理客户的抱怨，就要站在客户的立场上去看问题，耐心地跟客户沟通，从而与客户达成共识，让客户成为你产品的忠实消费者。

从心理学来讲，客户一旦产生了不满情绪，总想找一个发泄通道，希望有人倾听他的“苦衷”，希望能被人理解、被人关心。这时候如果销售人员非常愿意当客户的倾听者，必然会让客户感动，同时也会促进双方的感情。

张女士买了一台全自动洗衣机。在提货的时候，洗衣机在商店试运行合格。可是，洗衣机搬到家后，第一次洗涤后就出现了不能进行再注水的情况，张女士急忙赶到商场找销售人员，说话语气重了些，而且还说：“我们拿工资吃饭的买台2000多元的洗衣机不容易，一进家就坏了，你们的产品质量到底有没有谱呀？”这时，该销售人员首先做的就是耐心地倾听张女士的抱怨，让张女士将心中的不满发泄出来。

销售人员在弄清楚原因后，对张女士说：“我可以到你家，为你看看究竟是哪儿出了毛病。”结果，销售人员发现是张女士操作的失误造成的。这位销售人员帮助客户进行了售后服务后，张女士不仅十分感激，而且略带愧疚。

任何一个客户投诉或抱怨时，无论开始的脾气有多大，只要我们耐心地听，鼓励他把心里的不满都发泄出来，那么，他的脾气会越来越小。只有客户恢复了理智，才能正确地着手处理面前的问题。而且因情绪激动而失礼的顾客冷静下来以后，必然有些后悔，这比我们迎头反击要有效得多。

一次，王莉到商场买衣服，选定了一件衣服后，王莉就决定购买。但不想此时电话响了，没有对衣服进行任何检查的王莉匆忙接起电话后，就示意导购小姐将衣服包起来。等一通电话结束，王莉直接付了款就走了。但是第二天，她又回来了，原来衣服有明显的残损，她想回来换一件好的。但是导购小姐一听她的要求，一口就回绝了，说：“我们这里所有卖出去的衣服一概不退换。你买的时候为什么不看仔细呢？再说都过了一天了，谁知道这处残损是不是当初就有呢？”

一听导购小姐如此说，脾气本来就火爆的王莉一下子就火冒三丈了，她大声嚷道：“你什么态度？怎么能这么不讲理？难道你们店就是专门高价卖这种残次品的吗？把你们经理叫来，这件衣服如果不给我退了，我就没完。”

导购小姐依然不依不饶，也大声说：“你冲我喊什么，这本来就是公司的规定。”

值班经理见状过来，她看过衣服后示意导购小姐到后面去，然后她对王莉说："这件衣服确实存在很大的问题，我能理解您现在的心情，谁花钱也不愿意买到残次品。"

"那当然，你说你们那个导购到底是怎么回事，她还跟我嚷上了。"王莉听了经理的话，情绪有些缓和，但她依然不能原谅刚才导购对她的无理态度。

"是，是，确实是她的不对，这个月的奖金她拿不到了。不过这种款式的衣服就剩这一件了，我建议您看看其他款式的衣服。"说着，值班经理就走到一款衣服面前，又接着说，"您看这款，是今年最流行的款式，在我们店的销量也特别好，而且这个颜色，我认为也挺适合您的。"

王莉本来想直接将衣服退了就算了，但见经理这么热心，看到她指的衣服的确也不错，因此就决定换这件。而且最后结账时，经理还为王莉打了个八折。王莉总算是满意而归了。

事实上，客户的抱怨，更多地是对售货员服务态度的不满，而不是产品质量问题。因此，在实际销售中，销售人员对待客户的抱怨要尽量采取良好的态度，当客户向你抱怨和发泄不满时，即便是客户的错，你也要耐心地倾听，借他一双耳朵，给他们发泄不满的机会，等他们的不满情绪得到了发泄，心情平静下来，问题就好解决了。而且耐心地倾听客户的抱怨，不仅可以消除客户的不满，还能赢得客户的尊敬，促使他们成为你忠实的客户。

以下是妥善处理客户抱怨的几个小技巧：

（1）心态平和。对于客户的抱怨要有平常心，客户抱怨时常常都带有情绪或者比较冲动，这时，应该体谅客户的心情，以平常心对待客户的过激行为，不要把个人情绪的变化带到抱怨的处理之中。

（2）认真倾听。大部分情况下，抱怨的客户需要忠实的听者，喋喋不休的解释只会使客户的情绪更差。面对客户的抱怨，我们应掌握好聆听的技巧，从客户的抱怨中找出客户对于抱怨期望的结果。

（3）转换角色。在处理客户的抱怨时，我们应站在客户的立场思考问题："假设自己遭遇客户的情形，将会怎样做呢？"这样能体会到客户的真正感受，找到有效的方法来解决问题。

（4）保持微笑。满怀怨气的客户在面对春风般温暖的微笑时会不自觉地减少怨气，与我们友好合作，便可以达到双方满意的结果。

（5）积极运用肢体语言。在倾听客户的抱怨时，我们要积极运用肢体语言进行沟通，促进对客户的了解。比如，用眼神关注客户，使他觉得受到重视；在客户抱怨的过程中，不时点头，表示肯定与支持。这些措施都能鼓励客户表达自己真实的意愿，并且让客户感到自己受到了重视。

总之，面对客户的不满、抱怨以及投诉时，销售人员都要积极地面对这些负面信息，耐心地倾听，并及时沟通协调，帮客户解决问题，从而更好地服务于客户。这样，不满的声音会越来越少，客户会越来越多，生意也就越来越好了。

心理迎合：投其所好是最有效的销售进攻

如果你想在心理上拉近与客户的距离，必须学会投其所好。尤其是在交谈中，销售人员不可以自说自话，必须努力寻找客户感兴趣的话题。如果你这样做了，成功就会离你越来越近。"说别人喜欢听的话，双方都会有收获"，也正是销售冠军们的成功法则之一。

投其所好，是一门艺术、一种智慧，也是一种沟通的秘诀。它寻求的是不同职位、不同行业、不同经历的买卖双方的利益共同点。投其所好，是调动你的知识、才能以及各种优势，向客户发起的心理攻势，直至达到“俘获”对方的目的。

有一次，业务员赵雷出差去西安，任务是与当地一家公司签订销售电脑的合同。赵雷到了这位公司老总的办公室，看到书架上放了一整排房地产方面的书籍。赵雷开始并没有直接进入推销电脑的话题，而是跟老总闲聊了起来。

“李总，听您的口音是西安本地人吧。西安真是个好地方，我一下飞机就喜欢上这儿了。”

李总面露微笑道：“是啊，我从小在这古城墙下长大的，大学毕业后又回到家乡创业，我恐怕一辈子也不会离开这里了。”

赵雷又说：“毕竟是六朝古都，西安就是有一种低调的大气在里面，不用张扬，外人却都感觉得到。”

一番开场白说得李总频频点头。赵雷趁热打铁道：“李总，我看到您著有好多房地产方面的书，您真是博学。”

“也没有，只是初步了解一下，西安的房地产也越来越发达了，我也有意涉足。”

“真是太巧了，我哥哥就是做房地产的，我跟您说说他们幕后的事情吧。”

就这样，赵雷与李总从房地产说到金融业，从基金股票聊到保险期货，甚至于人民币升值和美军在伊拉克的局势都聊得热火朝天。结果聊着聊着都时近中午了，老总突然想起了赵雷此行的目的，让赵雷介绍了所销售的电脑的情况，又看了合同，爽快地签了字。

最后李总对赵雷说："看你这个人的性格和谈吐，我就知道你们的产品肯定没错，如果这次合作愉快，我们二期办公室改造的电脑采购还交给你们公司，我下次就找你了。"

一次简单的谈话，不仅谈成了生意，而且拓展了潜在的业务。推销员赵雷的成功之处就在于发现了客户的兴趣爱好，找到了与客户说话的共鸣点。所以说，要使客户喜欢你，原则上是要拿对方感兴趣之事当话题，让他感觉到自己的重要。在满足对方的自尊心之后，很多事情都迎刃而解了。

投其所好是打开对方心门的技巧，要想把产品顺利地卖给客户，最重要的是搞清客户的兴趣之所在。了解了客户的兴趣后，以此作为突破口进行商谈，很容易就能取得成功。调查表明，大部分客户在购买商品时，都是根据以往的经验进行选择，余下的客户则是根据商品对他们的未来生活可能造成的影响，以及他们自身对这种改变的内在感受进行选择。对于前者来说，无论你怎样花言巧语，都无法鼓动他们去掏腰包；而对于后者，只要抓住他们的兴趣与爱好以及内心的所想所需，说服他们是完全有可能的。

在与人交往的过程中，人们通常会有这样的体会：在与没有共同语言的人一起交谈的时候，会感到别扭、烦闷。而在销售实战过程中，如果遇到这样的情况，更是让销售人员头疼。所以销售人员要善于找到与客户共同感兴趣的话题，与客户产生共鸣。例如，看到阳台上有许多盆栽，你不妨说："你对盆栽很感兴趣吧？花市正在开郁金香展，不知道你去看了没有？"看到高尔夫球具、溜冰鞋、钓竿、围棋都可以展开话题。另外，作为优秀的销售人员，你对各种时尚、众人感兴趣的话题也要多少知道一些，总之最好是无所不通的。

每个人都有自己感兴趣的话题，或者是自己擅长的领域，或者是最近期望了解的东西，或者是利益所在。销售人员必须准确判断客户的兴奋点是什么，对哪些话题感兴趣，然后主动围绕着这些话题展开对话，让对方接受你。

“酒逢知己千杯少，话不投机半句多。”投其所好是向客户进行心理进攻的开始。只有客户对你所说的话感兴趣，他才会重视起来。所以在与客户接触的时候，不妨先给客户准备一道开胃菜——谈谈客户感兴趣的话题。

不要争论，否则只会引起客户的反感

潘恩人寿保险公司立下了一项铁律：“不要争论。”真正的销售精神不是争论，人的心意不会因为争论而改变的。正如睿智的本杰明·富兰克林所说的那样：“如果你老是抬杠、反驳，也许偶尔能获胜；但那是空洞的胜利，因为你永远得不到对方的好感。”

销售失败的主要原因之一就是：与客户争个高低。销售人员和客户作为利益不同的主体，在洽谈过程中必然会出现各种矛盾，在异议处理过程中这种倾向尤易发生。在回答顾客问题或异议的时候，有时你会发现不知不觉中你已与客户争论起来，气氛相当激烈。这时你要切记：客户的意见无论是对是错、是深刻还是幼稚，都不能表现出轻视的样子，更不能表现出不耐烦、轻蔑、东张西望。不管客户如何反驳你，与你针锋相对，你都要心平气和，避免与其争辩，不给他心理受挫的失败感和抵触感。争辩不是说服客户的好方法。与客户争辩，失败的永远是销售人员。

永远不要跟客户争辩，这是一个简单的真理。但是，要真正做到“不与客户争辩”这一点还是有点难度的。当一名怒气冲冲的客户冲到你面前，因为与你无关的原因而发生的问题大发雷霆、抱怨不迭时，尽管理智告诉你保持冷静，但你还是免不了要委屈，火气上窜，开始同客户辩论起来、据理力争。这是很自然的行为，也是很不明智的行为。

推销员：“先生您好！昨天您来看我们公司新出产的病床，我想了解一下，您觉得这批床怎么样，适合您的医院吗？”

客户：“一些功能挺好的，只是我觉得这床太硬，病人会不喜欢的。”

推销员：“硬吗？这种类型的床还是硬一点好。”

客户：“对病人来说，并不要求太软的床。但它真的是太硬了。”

推销员：“您怎么过了一天就说这床太硬了呢？昨天您还说挺合适的啊。”

客户：“不适合，我觉得各个方面都不符合我们的选择标准。”

推销员：“可是这种床是专为您的这批腰肌劳损的病人设计的啊。如果有这种床，他们会更舒服的。”

客户：“我们有专门的采购部，我们的采购部会处理这个问题。”

推销员：“你们的采购部并不可靠，他们哪有我们的专业设计人员懂得多啊。”

客户：“哦，那再见吧。”

推销员：“你这个人怎么这样呢？”

上述案例中，推销员因与客户发生争执，从而失去一位准客户。这是个深刻的教训。

一句销售行话是："占争论的便宜越多，吃销售的亏越大。"销售不是向客户辩论、说赢客户。客户要是说不过您，他可以不买你的东西来"赢"你啊。不能语气生硬地对客户说："你错了""连这你也不懂"。这些说法明显地抬高了自己，贬低了客户，会挫伤客户的自尊心。

"赢得一场争辩，就等于丢了一件生意！"这是我们销售人员需要时刻牢记心中的，因为到现在为止，还没有听说过那位销售人员因为与客户"吵嘴"取胜而促成生意的例子。

汤姆是英国一家汽车公司的销售员，他对各种型号汽车的性能和特点都非常熟悉。本来，这些是很有利于他的推销的，遗憾的是他很喜欢争论。每当遇到特别挑剔的客户时，他总会跟他们争论不休，并且经常把客户说得无言以对，然后他就很得意地对别人说："我让这些家伙们大败而归了！"

但是，经理却时常批评他："逞一时口舌之快，你越是占上风你就越失职，因为这样你只会得罪客人，到最后还不是什么也卖不出去。"后来，汤姆慢慢懂得了这个道理，变得很谦虚了。

有一天，汤姆负责推销怀特牌汽车，有一位客户十分傲慢，"什么，怀特？我喜欢胡雪牌的汽车。这种牌子的车你白送给我，我都不要！"

汤姆听后，只微微一笑道："您说得很对，胡雪牌汽车确实不错，该厂设备很棒，技术也很精湛。看来您是个内行，那咱们改天再讨论怀特牌汽车好吗？还请先生多多指教。"

就这样，两个人开始了海阔天空式的聊天。汤姆趁着这个机会大力夸赞了怀特牌汽车一番，最终成功地达成了交易。后来汤姆成了英国非常有名的一个销售员。

永远不要和客户争辩。因为那样的话，客户会产生抵触情绪。客户不是我们的敌人，而是未来的合作伙伴，销售的目的是为了达到双赢，而不是要辩得对方理屈词穷！人性中都有希望被人肯定的一面，希望通过表达自己的意见达到展示自我价值的目的，我们的客户也一样。人的潜意识里都有需要尊重、理解和表现的心理，所以不要常常把客户的意见当成是恶意的挑剔，也不要与客户展开激烈的争辩。即使需要“辩”，也应该是亲和式的交流，让对方在愉快的心情下接受你的专业的引导。